OHSAMA BUNKO

ちょっとしたことで 大切にされる女《ひと》　報われない女《ひと》

黒川伊保子

三笠書房

はじめに……「ここ」に気づけば、女《あなた》はもっとしあわせに生きられる！

たとえば、女性が男性の察しの悪さをなじったときに、男性がよく使う「言ってくれればいいのに」「言ってくれれば、やったのに」。

私たち女性が、素直に口に出せなくて、だけど察してほしいあの気持ち……悔しさ、さみしさ、大切にされていないのではないかという不安。でも、たいていの男性は、そんな気持ちに気づかないものです。

それは、男女の脳の認知回路が全く異質だから、まぁ仕方のないこと。

けれど、あの、意を決して彼をなじったときに返ってくる定番のセリフ、「あ〜、言ってくれれば、やったのに」。あれは絶対やめてほしい。どうにも女をざらつく気持ちにさせますよね。

おそらく男たちは、親切のつもりで言うのでしょうけど。

さて、でも、女性の皆さんも、男性がどう答えてくれたら溜飲《りゅういん》が下がるのか、意外に知らないのでは？

答えは、**「気づいてあげられなくて、ごめんね」**です。

女性脳は、自分が察する天才なので、大切に思うこと＝察してあげること、だと思っています。したがって、女性は相手が「察してくれないこと」に傷つくのです。「やってくれないこと」ではなく。

もしパートナーが、「大丈夫？　今日は疲れているみたいだね。僕が夕飯つくろうか」と言ってくれさえすれば、「いいのよ、大丈夫」と応えるところを、何も気づかずにのうのうとテレビなんか見ているから、「どうして私だけ!?」と腹が立つことになるわけです。

女性は、察してくれないことに傷つくのに、なぜか、責めるのは「してくれないこと」。なので、素直な男性脳は、「しなかったこと」をあやまるはめになるわけです。

男性にとって、「言ってくれれば、やったのに」は、やる気がないわけじゃないことを表明する、確固たる愛の言葉です。けれど、女性は、その言葉に再度傷つきます。それは「察することを放棄する言葉」だから。

男性は、「察しなかったこと」をあやまらなければいけません。それが「気づいてあげられなくて、ごめんね」なのです。

女性なら、わかるでしょう？　「言ってくれればいいのに」と、「気づいてあげられなくて、ごめんね」の天と地ほどの差が。

私は、人工知能の研究者です。

三十年前、若き日の私に与えられたミッションは、「人とロボットの対話の設計」でした。やがて、ロボットが人々の暮らしの中に入ってきたとき、私たちが、ロボットとストレスなく共存できるために、ロボットは、どんなふうに言葉を紡《つむ》ぐべきか。

そんなテーマを追求するうちに、気づいたことがありました。

ロボットの会話をうんぬんする前に、生身の人間たちが、そもそも、ちゃんと情を交わす会話をしていない、ということに。

私の設計するロボットが、いつ市場に登場するかは、まだわかりません。でも、私のロボットたちは、女性に対しては、ちゃんと「察しなかったこと」をあやまるようにプログラミングされています。

一方で、当然、逆のことがあるのです。

男性がのぞむ言葉や態度を知らないために、相手にざらつく思いを募《つの》らせてしまう女性たち。恋がうまくいかなかったり、職場で空回りしたり、「報われない」という悩みの多くが、日常のさりげない言動に起因しています。

私の設計するロボットたちは、もちろん、こんな失敗をすることもありません。

というわけで、この本、未来のロボットのために研究してきたことをもとにした

〝脳科学的「いい女」のつくり方〟の秘訣をご紹介します。

一生懸命に生きるあなたが、凛々《りり》しくも、しなやかに人生を楽しむための、なんらかのヒントになれば幸いです。

もくじ

I章 なぜか愛される女、空回りする女

……「がんばっているのに、報われない」を卒業する

2章

男が放っておけない女、男の気持ちを離す女

……たった「これ」だけで、男は本気になる

3章

結婚できる女、できない女、しない女

……何が男の心を動かす「きっかけ」になるのか

4章

無邪気な女、考えすぎる女

……仕事もプライベートも絶好調――それには理由があるのです

5章
自分を変えていける女、変えられない女
……「人生のスイッチ」の鮮やかな切り替え方

編集協力◎安田光絵

1章

なぜか愛される女、空回りする女

……「がんばっているのに、報われない」を卒業する

なぜ、あの女《ひと》は運がよくて、すべてがうまくいくの？

好きな人に大切にされて、気心の知れた友達と楽しい時間を過ごせて、趣味も充実。
もちろん、仕事も順調で、いつも新しいことにワクワクしている。
そんな、すべてがうまくいく〝しあわせな女〟。
あなたも憧れませんか？

「もちろん、今の私って、まさにそんな状態！」
という人は、ステキですね。

でも、がんばっているのに、最近、ちょっと空回り。
彼が、メールの返信をくれない。気持ちがすれ違っている。

最近、いい男がいなくなった気がする。

友達のしあわせを素直に喜べない。

自分では、いい提案をしているつもりなのに、なぜか採用されない。

最近、シミやシワが気になる。それに太ってきたような気がする。

なんだか、イライラしがちで、つい甘いものに手がのびてしまう。


もしも、こんなことに心当たりがあるなら、あなたは今、「しあわせな女」になるためのスイッチが切れているのかも。

「え、そのスイッチって、どうやって入れるの？」

と思ったかもしれません。


この本では、そのスイッチを入れるコツを一つずつお教えしていきます。

でも、難しいことはありません。

軽い気持ちで読み進めていくうちに、きっと、

「なぁんだ、こんなに簡単なことだったのね！」

と、納得のいくことばかりのはずですよ。

深いところで「男性に大切にしてもらえる女」

「しあわせになりたいけれど、しあわせになれない女性」が、ついおかしてしまいがちなミスがあります。

それは、もっとやせたら、もっとおしゃれになれば、もっと尽くせば、愛されると思うこと。あるいは、夜も寝ないでがんばれば職場で認められるはず、と思ってしまうこと。

たしかに、そのがんばりは認めてあげたいところなのですが、女の脳が考える「ステキ」や「がんばり」と、男の脳が考え、求めていることは、大きく違う。

空回りしている女たちは、たいてい大きな勘違いをしているのです。

実は、男性脳・女性脳の研究をしているうちに、私はある法則に気づいてしまいました。それが、

「女は、がんばるほど、しあわせから遠ざかる」

という恐ろしい法則です。

「がんばる」よりも大切なこと。

それは、左脳、右脳、その二つをつなぐ脳梁《のうりょう》などの「脳のはたらき」と「男と女の脳の違い」を知って、自然体で生きること。そして、男性の脳に「美しくていい女、かわいい女」、あるいは「できる女」として映る自分をつくりあげること。

感情、知性、行動——脳は、あなたが「しあわせに生きる」ための、すべてのカギをにぎっています。

だから、脳のはたらきにムリがないように生きていく（＝がんばらない）ことで、直感力があがり、フェロモンセンサーもアップして、運命の人と恋に落ち、深いところで男性に大切にしてもらうことができます。

しかも、お肌もツヤツヤになり、目力もアップします。

情感も豊かになって、いい人間関係が築けます。

イヤなことがあっても翌日に持ち越さず、そもそもイヤなことが起こらなくなっていきます。

もちろん、仕事でも、なぜかいつも、いいアイデアが湧いてきます。チームのメンバー、同僚や上司からのサポートもバッチリです。


つまり、**「すべてがうまくいく」**のです。


どうでしょうか、「がんばらないで、しあわせになる」って、とってもステキでしょう?

男性脳と女性脳の違いを知り、「脳」という頼りがいのある〝相棒〟を上手に生かすことで、大切にされて、運をよくして、すべてがうまくまわってしまう――そんな人生をつくるための方法を、さっそく、見ていくことにしましょう。

「全体」で判断したい男、「なんとなく」で決めたい女

さて、すべてがうまくいく「しあわせな女」になるための「脳の使い方」についてお伝えする前に、まずは脳のしくみについて、ちょっとだけレクチャーしておきますね。

よく、左脳型人間とか、右脳型人間って、言いますよね。

でも、脳科学者の私から言わせると、これはちょっと間違っています。人は、どのような場合でも左と右の脳をどちらも使っていますから、「どちらかだけ」を使っている、ということはありません。ただ、それぞれの担当はあります。

左脳は、おもに、言語や論理、計算、時系列的な思考を担当しています。

言葉を使って行なうことには、この左脳がメインに使われています。

いわゆる「考える力」というものですね。

そして、右脳は、空間認識や音楽感覚などを担当しています。

いわゆる「感じる力」です。

なぜ女は「ベストな選択肢」が一瞬でわかる？

そして、最後に「愛されてしあわせになる」ために大切な脳の力。
それが**「直感力」**です。

「あ、そうだ！」

というひらめきや、

「彼の表情がいつもと違うな」

「この案だと、いまいちな気がする」

など、言葉ではうまく表現できないけれど、「なんか、そんな気がする」というものです。

この「直感力」を発揮するためには、「左脳」と「右脳」をつなぐ脳梁と呼ばれる情報線がよくはたらくことが大切です。

実は、女性の脳は脳梁が男性より二〇%ほども太く、左右の脳の連携がよいという特徴があります。

つまり、**男性よりも女性のほうが、「直感力」がはるかに優れている**、ということですね。

そのために、情況を察知する能力に優れていて、「ベストな選択肢」を一瞬にして見抜くことができます。その他にも、感じたことをすぐに言語化できるので、おしゃべりが得意で、同時にたくさんの文脈を理解することができます。

もちろん、男性脳もステキです。

脳梁が女性に比べて細い分、左右の脳の連携はよくないのですが、空間認識能力、数学的思考、論理構造を理解することに優れた力を発揮します。「宇宙」に向けて、果てしなく思いを馳《は》せることができるのも、男性脳ならでは。

また、分類したりするのも大得意。収集マニアに男性が多いのも、脳の構造からしてうなずけます。

「左脳」の使いすぎは、いい女の敵

さて、女性がしあわせでいるためには、「直感力」がよくはたらくような状態を維持していくことが、何より大切なこと。

「直感力」に導かれるようにして生きているとき、女性の人生は、なんだか不思議なくらいうまくいき、思ってもみなかったような成果を手にします。そして、「なんだか知らないけれど、愛されてしまう」状態になっていくのです。

でも、この「脳梁が二〇％ほど太く、左右の脳の連携がよい」という長所ゆえに、はまりやすい罠《わな》があります。

女性脳は、様々な情報が連携しやすく、ある対象にはまってしまうと、なかなかそこから抜け出せなくなり、些細な気がかりなどから、「妄想」が肥大化しやすくなるのです。

そして、「しあわせな女」から自分を遠ざける一番簡単な方法は、こうした些細な気がかり、情報にこだわって、そのことばかりをグルグルと考えてしまうこと。

たとえば、

「彼のメールの、あの表現、何か私、気にさわることを書いちゃったかしら」

「最近、はやりのビジネス書に書いてあったことだけど、私、できているかしら」

「あの人が言った、あの一言、何か裏があるんじゃないかしら」

などと、始終、ぐるぐると言葉が頭にうずまいている状態でいることです。

女性というのは、「育む性」のため、細かなことまで、なめるように気づくように脳がつくられています。

それは、女性の長所でもあるのですが、些細なことをきっかけに、不安や心配を大きく膨らませて、ネガティブな妄想にとらわれてしまう脳でもあります。

そして、同じところをグルグルとめぐってしまう……ということが起きがちです。

だから、「かわいい女、いい女、しあわせな女」になるためには、些細なことにとらわれてマイナスのスパイラルに入ってしまったら、その流れをパチンと断ち切ること。

すると、身動きがとれなくなっていた状態から、持ち前の「直感力」がよみがえってくるはずです。

男と女の「なんで、わかってくれないの？」

さて、「しあわせな女」になるために、女性は「直感力」がはたらいている状態でいるのが大切なこと、また、男性脳と女性脳では、「脳梁の太さ」に違いがあることについて、紹介してきました。

実は、この脳梁の太さに男女で差があるために、

「なんで、わかってくれないの？」

「こんなにがんばっているのに、どうして報われないの？」

という、**女性特有の気持ち**が生まれてきます。

「こんなに悲しいのに、こんなに辛いのに、こんなに想っているのに。

いくら説明しても、彼が理解してくれない！」

と、また同じことの繰り返し……。

そんなイライラが二人の関係にとってもよくないのは、わかっているけれど、抑えられないこの感情――。

実は、男女の脳の違いをさらにくわしく理解すれば、このよくある「イラッ」が防げるのです。

この「一言」を男に期待しない

女性脳は、右脳と左脳を上手に連携させて、「目の前にある大切なもの」の変化をわずかでも見逃さず、その思いを察して臨機応変に動くことができます。

しかし、男性脳は女性脳に比べて、左右の脳の連携が悪いので、「目の前のこと」に頓着せず、高い空間認識力で、遠くのものを見ながら仕事をこなしていきます。

つまり、**男性脳は「目の前のこと（彼女や家族）」だけのためになんか、できていないのです。**

さらに、感性の領域も全く違う装置なので、女性が「なんで、◎◎をしてくれないの？」と言っても、その「なんで」の意味が本当にわからない。

たとえるなら、スワヒリ語を話している人に日本語でまくしたて、「なんで日本語をわかってくれないの？」とイライラしているのと一緒なのです。

女性も、

「なんで体重を教えてくれないの？」

「なんで、すっぴんを見せてくれないの？」

と言われたら、びっくりしますよね。

同じことです。

「なんで時間を守ってくれないの？」という質問に対して、男性が「忙しいから」の一言で返したとします。でも、女は「忙しいから」では、納得しない。

「忙しいなら、連絡してよ」

「忙しいなら、最初から来られる時間に約束してよ」

と食い下がっていくから、ケンカになるのです。

でも、彼はわざと遅くなったのではなくて、その時間に行けると思って計画したのに間に合わなかっただけ。

結局、彼女が欲しい答えは、

「君に心細い思いをさせてごめんね」

という一言なのですよね。

彼が「なんで」に対して理由を答えてくれたとしても、女性が納得できる答えは、ほぼ返ってこないでしょう。

一緒に住んでいる彼に、

「なんで靴下を脱ぎっぱなしにしているわけ?」

と詰問したら、彼が、

「脱ぐと気持ちがいいから、すぐに脱ぎっぱなしにしたくなるんだよ」

と答えるとします。

でも、彼女はその答えに納得して、

「そうだよね、気持ちいいよね♪」

とは言わない。女性としては、

「君にイヤな思いをさせちゃって、ごめんね」

とあやまってほしいのです。

なぜ男はメールの返事が遅いのか

彼がなかなかメールの返事をくれなくて、

「なんでトイレに行く時間があるのに返事をくれないの？」

と悩む女性も多いかと思います。

その理由もはっきりしています。男性はトイレに行く間に、恋人を思い出すような脳にはできていないのです。

かたや女性は、三分に一回は大切な人のことを思い出します。歩いているとき、電車に乗っているとき、ご飯を食べているとき、仕事をしているとき、映画を見ているとき。

だから、トイレに行く時間があったら、すぐに恋人を思い出してメールできる。

男性は仕事とプライベートの切り替えに、何十分もかかるので、トイレに行く暇に恋人にメールをする発想は出てきません。

だから、男と女はすれ違う

たどればその昔、人類が狩りをして暮らしていた頃、獲物を追っている男の頭に洞窟を出たときの妻の顔がよみがえって、

「そういえば今朝、女房の顔が暗かったけど、あいつ、大丈夫かな?」

なんて気にしていたら、谷に落ちたり、マンモスに踏み潰されたりするかもしれないわけですね。

オスという生き物は、「思念空間」の中に置くものの量を小さくして、その分、危

険を察知したり、遠くを見たり、あるいは遠くに行って帰ってくるための様々な情報を脳に入れたりしているのです。

一方、哺乳類のメスは、子どもを育てるために、目の前の大切なものの変化を、針の先ほどの小さなものも見逃さないようにして生きているのです。

つまり、女は、「思考のテーブル」に、仕事も、恋人も、家族も、すべてが載っかっているけれど、男は一つずつ載せないといけない。

ただ、それだけのこと。

だから、「なんで」に対する答えが、男と女では、つねにすれ違うのです。

もし、我慢できずに「なんで～」と聞いてしまって期待した答えが返ってこなくても、彼がそれに答えてくれたことに感謝しましょう。

どんな答えでも、それは男性脳にとって精一杯の答え。

「そりゃ、仕事が忙しかったから」

と言われたら、

「そうか、忙しかったのね。お疲れさま」

の一言で終わりにして。

この一言で終わりにできず、「なんで？　どうして？」と食らいつくから、男性脳もイライラして二人の関係がギクシャクしてしまうのですよ。

あとは、

「なんでわかってくれないの？　って、私が言ったら、『イヤな思いをさせて、ごめんね』と言ってね。そう言ってもらえるだけで安心するの」

と事前に彼を教育しておくことも、いいかもしれませんね。

彼に優しくしてほしい――「脳の違い」を逆手にとるだけでいい

彼氏やパートナー、ちょっと気になる男性に優しくされたら嬉しいですよね。

でも、なぜかいつも雑に扱われて、全然優しくなんてされたことがない、そんな悩みもよく聞きます。

でもね、「男女の脳の違い」を知れば、優しくされるのなんて、簡単。

「優しくしてね」と素直に言えばいい。

男性は、女性に優しくしたい生き物なんですもの。

ただし、「優しくしてくれて当たり前」という態度には、男性はカチンときます。

「メールくらい、くれてもいいでしょ」

ではなく、

「今、落ち込んでいるから、励ましの一言、欲しいよ」

と伝えればいい。そして、彼が優しくしてくれたら、うんと喜んで。

レディ・ファーストのカップルが羨《うらや》ましかったら、「扉が重くて開かな〜い」と甘えてみては？

「いつも楽々開けてるじゃん」と言われても、「あなたと一緒だと力が抜けて、なぜか開かない」と返してみましょう。

こんな〝口実〟をかわいく伝えてみるだけで……

私はかつて、男友達と食事をしたとき、彼がなんだか尖《とが》っていたので、ウェイターさんに、

「紫キャベツか、紫レタスが入った料理はない？」

と言ったことがあります。

でも、それは単なる口実。彼に「どうして紫なの？」と言わせたかっただけなのです。

まさに、そう返してくれたので、すかさず、

「今日は、紫のものをあなたに食べさせると、私に優しくしてくれるって、占いに出ていたから」

と言ってみました。

すると彼は、「紫ならナスのほうが自然だろうに」と笑って、「紫色のものを食べなくても優しくしてあげるよ」って、機嫌が直ったのです。

男にとって「手がかかる」＝「愛《いと》しい」

男の人って、本当にシンプル。基本的に女性に優しくしたいので、怖がらないで、甘えてみて。

かわいく伝える方法は、いろいろあるから、優しくしてもらうゲームだと思って作戦を考えましょう。

知らないうちに、あなたに〝優しくさせられている〟彼は、そのうちにあなたのことを「大事な人だ」と思うようになります。

脳は、入力と出力を勘違いするものだから、です。

人は、「嬉しいから笑う」もの。でも、嬉しくなくても笑顔をつくる筋肉を使うと、嬉しさをつくり出すホルモンが出てしまうものなのです。

だから、作戦でもなんでも使って、彼に優しくさせるようにして、脳に入力と出力を勘違いさせればいい。

気がついたら、あれもこれもしてくれるようになった彼は、「彼女は手がかかるな」と思うようになります。

そして、脳にとって「手がかかる」とは、「愛しい」ということですからね。

エンジンをかけるだけでも大変なイタリアの古いバイクなどをいったん手に入れたら、男性は本当に大切にしますよね。

「あいつさ、俺がいないと階段の上から靴は落とすわ、駅はわからないわ、雑居ビルのトイレに行ったら迷っちゃうわ」って言いながら、愛しくなるんです。

どれがうまくいくか、わからなかったら、いろいろやってみたらいい。

ただし、

◇仕事ができない
◇部屋が片づけられない
◇料理のセンスが悪い

と思われるのはNG。

人として、女性として、「基本」はしっかりしているのに、ちょっとした隙《すき》がある、かわいく抜けている。そう見えるのがコツです。


たまさか失敗しても、恐れないで。

もし今の恋でうまくいかなくても、スキルは残ります。今の恋が終わったら、それは模擬試験だったと思えばいいですよね。


大事なことは、自分を大切にさせるための作戦。

そうやって大切にさせているうちに、大切に思ってもらえるようになるのです。

こんな女に男は「魅せられて」しまう

もう少し、「男性に優しくされる女性」になるコツについて書いてみましょう。

男性の脳は、「視覚認識」が強くはたらくので、美しい空間バランスを見せられると、その世界にぐっと惹《ひ》きつけられます。

それは、たとえば、フランス料理や懐石料理のように器に美しく盛られた料理のようなもの。それらは、器に対する料理の「空間占有率が低い」のです。

このような料理には、男性は品格を感じ、「魅せられて」向き合うことになります。

「空間占有率」ってちょっと難しそうだけれど、たとえて言えばこういうこと。女性と二人でバーなどで飲んでいるとき、男性脳は「バーという箱に収まった彼女」を確認します。

これは、男性という生き物が、無意識のうちに、空間全体にまばらに視線を走らせながら、空間の奥行きや、ものの位置関係を把握するクセがあるからで、構造を理解したり、道に迷わなかったり、危険察知をしたりするための大事な能力。

このため、無意識のうちに「全体の中の彼女」という見方をするのです。というわけで、女性にとって、その空間への収まり方が意外に大事。

なぜ二人でいるときの〝沈黙の時間〟が大切？

空間の中の女性として見られているということは、「空間占有率の低さ」を意識しなければいけないということなのです。

そうしないと、「魅せられて」大切に向き合ってもらうことができなくなってしまいます。

ですから、「空間占有率を下げる話し方」が必要。

空間占有率が低いというのは、「愛おしい」ということでもあるから、男性と二人のときには、しゃべりすぎないことが大切です。そしてもちろん、ガハハと大きな声をあげて笑ったり、大声で話したりするのは、やめましょう。空間占有率が上がってしまいます。

また、空間占有率は「時系列」においても考えられるものなので、女性が思う以上に、沈黙の時間を長くするように心がけるのもポイント。

沈黙の時間があると、「手持ちぶさたで困る」と言う女性もいるようですが、本当は、一時間のうち二十分は、二人とも黙っていたほうが「男女の関係」になりやすいのですよ。

その二十分の間は、お店の中を眺めたり、ウェイターさんの仕事をする手元をじっと見ていたり、飾られている花に気がついたりしていれば、いいのです。

ディスプレイされた瓶を見て、「あの瓶は何の瓶かな?」とぽつりと言ってみたり。

彼が〝邪魔に感じない〟ことが大切

また、男性を魅了するには、「彼に向き合いすぎない」のがポイント。

「休みの日は何をしているの？」「何が好き？」「血液型は？」と、彼に対して質問するのではなく、質問の的を彼からはずしてみるのです。

「あのニュース、見てた？」とか。

お店のあれこれを見て「あのグラス、キレイ」といったような会話が、男と女の関係では大切になります。


ちなみに、「自分のことをしゃべり続ける」というのが、空間占有率が一番高くなります。その次にくるのが、相手について質問することです。

だから、自分について延々と語ること、それと恩着せがましいセリフ、「あなたのために、こうもした、あれもした」という話……。

これは、「大切にされる女」になりたかったら、禁止です。

女性は、プロセスを語りたいクセがあるので、恩を着せるつもりがなくても、つい口にしてしまうことも。気をつけてね。

だから、沈黙の時間を持つこと、自分やあなたといった当事者ではなく、そこから的をはずしたところで会話をすること。さらに、できれば言葉数も少なくして、テンションを抑えた会話をするといいですね。

さらに、声のトーンもそんなに高くなく、メゾソプラノからアルトぐらい、男性が「邪魔に感じない」ということが、感性上はとても大切です。

ついつい、自分のことをアピールしがちになりますが、男性脳が自然と好む印象を演出することが大切。

普段あまり意識することがない、「空間占有率」という考え方を味方につけて、彼にとびきり優しくしてもらいましょう。

男の「帰る場所」になれば唯一無二の存在に

男性と女性の違い。

その大きなものの一つに、男性は**「座標原点」をつくりたがる、**ということがあります。

簡単に言うと、これは、**男性にとっての「帰る場所」**。

これがあるから、安心して仕事もできるし、日々を過ごすことができる。

そして、女性は、彼の「原点」になってしまえばいい。

それだけで、右に出るものはいないほど、相手にとって大事な存在になります。

男は「原点」といくつかの「定点」で世界を広げていく

「空間認識」でものを見ている男性にとって、その始点である「座標原点」はとても大事です。

たとえば、その原点が「苦労した思い出」だったら、たまにそのときの記憶に戻り、「あそこから、自分はここまできたんだな〜」と感慨深く、今の情況を確認したりします。

それが「妻」だったら、毎日帰ったとき、「ああ、家に帰ったな」と安心する。「お祭り」が楽しみな人だったら、「お祭りまで、あと何カ月」と数えることで、それまでの時間的な距離感を測っているのです。

また男性は、行きつけの居酒屋など、一度決めたら、よほどのことがない限り、変えないですよね。それは、その場所を「定点」にしているから。

思念空間に「原点」といくつかの「定点」を置いて、それらを使って距離感を探りながら世界を広げていくのが男性脳なのです。

普段は無口でそっけない夫でも、「妻がいるところ」にどこからでも戻ってきたがるのは、そこが定点だから。入院していても女房がいない寂しさで、ムリを言って家に帰って来てしまう男性もいます。

いったん「座標原点」になってしまったら、その女性は勝ったも同然です。

それには、わざわざ居心地のいい女性になる必要もありません。多少、キツい女でいても大丈夫。

始終うるさく当たっていたとしても、それが「定番」なら八割くらいは脳がフィルターとしてとりこぼしていくので、自然体でOKなのですよ（微笑）。

彼の「定番」になるための秘訣とは？

すでに、あなたが彼の「帰る場所」になっている場合、つまり、結婚していてはたらいている女性や、同棲している女性へのアドバイスは、「必ず家にいて、夕飯をつくる日」を決めておくことです。

そして、「必ず、いる」と決めた日にごはんがつくれなかったら、きちんとあやまってください。

彼の「定番」を目指す上で一番やってはいけないのが、「定点がブレる」こと。

つまり、「この日は、いるものだ」ということを、お互いに忘れないようにすることが重要です。

つきあっている男女の場合も一緒で、どんなことでもいいから「定番」をつくりましょう。「土曜の夜十時」の定番メールでもいいし、会ってから三十分は、決してネガティブな話をしないという習慣でもいい。

女性は気にかかることがあると、会った瞬間に、

「ねえ、あのときのことだけど、なんであんなこと言ったわけ？」

とつっかかることが多いのですが、あるときは機嫌がよくて、あるときは機嫌が悪いなど、常に変化しているのは、男性からしてみると最悪です。

だから、どんなときも「いらっしゃい」と笑顔で出迎えてくれる小料理屋のおかみやクラブのママが「定番」になるのです。

結婚していなくても、仕事や出張から彼が帰ってきたら「お帰りなさい」と言うのもいいですね。

「毎日、君の〝お帰り〟が聞きたいから一緒に暮らそう」なんて展開になるかも……。

定番に安心しながら〝ギャップで発情〟するのが男性脳

一つ、注意したいのはグチを言わないこと。

女性のグチは、男性の免疫力も落とします。熟年の夫婦で「腰が痛い」と奥さんが言い続けていると、ご主人がうつ病になるというデータもあります。

具体的な要求が多いのはOKですが、恨《うら》み言や体の痛みなどのグチは、男性脳を痛めつけます。

もしグチを言いたいなら、友達に聞いてもらいましょうね。

ちなみに、女性は排卵日になると、ホルモンの影響でイライラすることがあると思います。女性ホルモンのエストロゲンの分泌が高まっているこの時期は、とくに自分が発情している相手に絡《から》まずにはいられなくなるのです。

ただ、このときは、どうぞ思いっきり絡んでください。

男性脳は、定番に安心しながら、ギャップで発情するというクセがありますから。いつも安定した情緒の彼女が、たま〜にキレるのも、いい刺激。

ですから、この辺《あた》りは自然体で大丈夫です。ステキな愛情ライフを手にしてくださいね。

男には「責務」を与えればいい

気になる男性と知り合いになって、少し親しくなることはできても、そこからさらに関係を発展させ、長く続けようとすると、なかなか思うようにはいきませんね。

でも、ちょっとしたコツを知れば、大丈夫。

まず、男性からの好感度を上げるためには、

「男性に責務を与えて、果たさせる」

ことが必要です。

なぜ「責務」なのか、説明してみましょう。

男性は長らく狩りをしてきた性なので、

「わかりやすい目標を定めて、その目標をゲットする」

ということに原初的な快楽を感じるようにできています。
たとえば、どうでもいい些細なことやモノ（たとえば、冷静になってみれば、好きでもない給食の余った牛乳とか）を真剣にジャンケンしてゲットしちゃう、かわいい小学生男子のまま大人になっているのですよ。

だから、大切なのは「定番の責務」を果たさせること。
電球を替えてもらうとか、些細な、かわいいことでかまいません。
「俺がついていないとダメだな」
ということを〝定番〟でつくることが大事。
今日は「荷物を持って」、明日は「掃除をして」というお願いの仕方ではダメ。
「自分には、とうていできないわ」ということを、嘘でもいいからつくるのです。

男性脳は「目標」が見えないと辛い

そもそも「目標を定めて、その目標をゲットする」のが気持ちいい男性脳には、目標が見えないのは辛いのです。

女性の話を聞いているときに、「彼女が何を話したいのか、よくわからない！」という状態に男性がイラつくのも、そのせい。

逆に、会社のように「納期」「達成目標」が決まっているのは、とても気持ちがいいのです。

だから、彼の好感度を高くしたければ、「定番の責務」で頼りにしてあげましょう。

たとえば、ラーメン好きな男性がいたら、

「○○さん、ラーメンに詳しいですよね。今度、イチ押しのラーメン店に連れてってください」

とおねだりしてみて。

そして、実際に食べた後、

「美味しい！　これから、○○さんが推薦するラーメンしか食べないわ」

と宣言すれば、彼自身の楽しい責務になるし、こちらも次のおねだりをしやすくなります。

その代わり、「操《みさお》」は立てます。口先だけはダメ。

一人でラーメンを食べに行くときも、

「今、△△にいてラーメンを食べたいんだけど、近くにいい店はありますか？」

とお伺いを立てる。

彼が知らないと言ったら、ラーメンは我慢する。

あるいは、「初めての店でも失敗しない、美味しいお店の見分け方」を聞き、実践してみて、結果も報告する。

そして、基本、他の男性とはラーメンを食べに行かない。

そんなふうにしていたら、

「お前、俺がいなかったら、ラーメンも食べられないのか。しょうがないな。行くぞ」

と言ってもらえますよ。

そうならなかったら、そもそも人間関係を紡ぐご縁ではない、ということです。

「そこは、あなただけに任せるわ」

彼にしかできない「定番の責務」を決めれば、相手も気にかけてくれるし、こっちも声をかけやすい。

つまり、継続しやすいんです。

恋愛も受験と一緒、「継続は力なり」ですよ。

だってほら、テーマもなく「暇なら会いましょう」スタイルだと、立ち消えになったりすることも多いでしょ?

女性は、生理周期で気分が盛り上がったり下がったりするので、つい、間が空いてしまうことがある。

間が空くと「今さら」となって、恋の卵だったかもしれない出会いが消えてしまいます。

そしてこの際、相手に彼女がいても気にしない。ラーメンを食べているうちに、別れるかもしれませんからね。

「責務お願い」型のアプローチには、「まずは友情を培《つちか》う」という利点があるので、略奪しなくても、相手の恋の自然消滅を待てるのです。

「定番の責務」は、些細なことでいい、なんでもいいんです。

コンビニのスイーツを見つけ出す才能のある男性なら、そこを頼ればいい。

企画書のタイトルをうまくつける男性なら、企画書のタイトルをつけるときに、必ず添削をお願いするとかね。

相手に対して「定番をつくる」ということは、結局、「相手のいいところを見つける」ということ。

彼の美点を見つけて、「そこは、あなただけに任せるわ」と言えばいいんです。そうすれば、きっと彼はそれに応えてくれますよ。

なぜ、男は話を聞かず、女は言葉を求めるのか？

大好きな彼と久々のデート。なのに、こっちが何を言っても彼は上の空、こっちはニコニコしているのに向こうはボーッとしている……なんていうことがありませんか。

その原因も、男性脳と女性脳の「構造の違い」にあるのです。

男児を育てていると、とくに実感しますが、子どもの頃から男子はボーッとしていることが多いのです。

八歳を過ぎると、この時間も短くなってくるけれど、大人になってもパジャマを着たまま新聞を開いているけれど読んでいない、テレビがついていても見ていないようなので消してしまうと怒る、というのは日常茶飯事。

女性から見たらイライラするかもしれないけれど、この時間は決してムダではなく、男性脳にとってはメンテナンスのためには必要な時間。

ボーッとしたまま、「空間認知」の領域で、情報の距離関係を見直したり、物事の構造を確かめたりしているのです。

だから、一週間に一回、土曜の午前中くらいは、ボーッとさせてあげましょう。

これは男性だけでなく、デザインとか理系の領域で活躍する女子も、空間認知の領域を成熟させるためにボーッとすることが多いはず。

私も大人になって小学校の同級生に再会したとき、

「あなた頭がハッキリしたわね。昔はほんと、ボーッとしていたじゃない」

と言われました。

聞けば、ときどき学校が終わったことに気づかず、ぽかんと座っていて、学校が終わったことを知らせると、ランドセルを背負うのも忘れてボーッと帰宅しようとしたとか……（びっくり！）。

さて、男性と同じく理系女子は、「空間認識の領域」を使って、日々、物事を考えています。

だから、人間関係も、「あの人は親切にしてくれるから」といった文脈では考えません。

代わりに、「意識の波動の近さ」といった独自の距離感覚で、脳の中の〝人間関係マップ〟のどこに相手を置くかを決めていたりしています。

こういうタイプは、文脈でものを考える「文系タイプ」の人から見ると、失礼なときがあるのも事実。

メールもまめに返さないし、連絡もあまりしない。でも、「空間認識の領域」ではちゃんと近くに置いてあって、十年に一度しか会わなくても大切に想っているのです。

男に「まくしたて」は禁物

どんなに大事な話し合いでも、たとえ別れ話に発展しそうなケンカでも、彼が黙ったままだったり、何を考えているのかわからなかったりするときって、ありますよね。

冗談みたいだけど、気づいたら寝ていたってことも……。

女性にしてみたら信じられないし、「ちゃんと聞いているの?」と憤慨したくもなります。

でも、それは「聞いていない」のではなくて、「聞いているけど、文脈の長い旅についていけなくて気が遠くなっている」だけ。

男性脳にとっては、女性がまくしたてている文脈は、あまりにも膨大すぎて理解不可能なのです。

もし、言いたいことがあるのなら、

「私は、こういうふうに言われるのがイヤ」

「こうされるのが悲しい」

「これだけは、やめて」

と、結論だけを言うようにしましょう。

女性はどうしても先に「なぜならば」を語りたくなるけれど、それは後にしてね。

上級者は「甘えるかたち」で伝えています

それから、決してしてはいけないのは、話し合いに持ち込むこと。

夫婦円満のコツは、「話し合ってものを決めないこと」だとも言われているくらいです。

間違っても、

「どうして、あなたはいつも、ちゃんと言ってくれないの？　そもそも、あなたは、い、い、あのときだって……」

なんていう〝長い旅〟には出ないでね。

もし、どうしても伝えたいことがあるなら、「さみしかった」「悲しかった」「してくれたら、嬉しい」とか、**甘えるかたちで言うのが上級者**なのです。

男が仕事を優先するのは「俺の女」になった証拠

大好きな人とつきあって、女性はバラ色一色のしあわせ気分——。

一秒でも長く一緒にいたくて、友達との先約も何かしら理由をつけてキャンセルしたり、夜のデートのために通常の三倍の速さで仕事をこなしたり。


それなのに、彼はせっかくの休日でも友達との約束を入れてしまうし、デートもすっぽかして仕事を優先。

でも、意外や意外。

それって男性脳からしたら、「相手を大事にしている」証拠。

近くにあるものほど目に入らないのが男性です。

たとえば、女性は彼や女友達の髪型が変わったら、すぐに気づくもの。でも、男性は彼女が髪の色を変えても、前髪を切っても気づかなかったりするのです。

「釣った魚」が〝見えない〟男性脳

その理由は、二つあります。

一つは、男性の注意力は、「目の前」ではなくて、「遠く」にあるものを把握するようになっているから。これは、近づいてくる敵に、瞬時に照準が合うようになっているためです。

二つ目は、生殖の戦略。オスは子孫繁栄のための「ばら撒《ま》く」性。

一生のうちに出産回数が限られているメスと比べ、生殖行為に対してリスクが低いので、異性を厳しく取捨選択しないように脳がつくられているのです。

「目の前の女性が発情すれば、つられて発情する」くらいの鷹揚《おうよう》さがあり、「このコ、ウエスト〇センチだからダメだな」なんて理由でイヤになったりはしません。

だから、目の前にいる女性のアラ探しもしないし、一方で髪型を変えても、不満な顔をしても、気づかない。

同様に、近ければ近いほど意識も手薄になります。だから、「彼が自分とのデートよりも、男友達との飲み会を優先して、初めて本当の〝彼女〟になった」

と理解するくらいで、ちょうどいい。

「釣った魚に餌《えさ》はやらない」のではなく、「釣った魚は見えない」が正解なのです。

たとえば、男性にとても気を遣われながら優しくされている愛人がいたとしますよね。

でも、そんな愛人も、奥さんに別れる気がなければ、妻の座を射とめられません。

逆に男性が、奥さんに優しくしていて、愛人には気を遣わずに大きい態度をとっているくらいなら、逆転する可能性はありかも。

つまり女性は、男性にないがしろにされて、初めて「近くにいる存在」ということになるので、「男と女は勲章のかたちが違う」のだと理解してください。

親しい相手だからこそ、気を遣わない

つきあう前やつきあった当初はマメに連絡をくれたし、いつも優しく笑いかけてくれたのに、いつの間にか態度がぞんざいになった……というのも、恋の進化形。あなたに飽きたわけではないので安心してね。

男にとって「笑いかける」というのは、「気を遣っている」ということ。基本的に、男性は「守る」性ではなく「戦う」性なので、始終ニコニコしていません。

女性は「生活を楽しむ」性だから、たとえ〝おひとりさま〟でも、「ちょっとしたこと」を嬉しく感じながら、日々を過ごすことができます。

でも、男性は一人で韓流ドラマを見て「しあわせ気分」にひたったり、パンケーキを焼いてウキウキしたりしませんよね。

女性であれば、お気に入りの紅茶を入れ、ハーブを育てて、テレビに話しかけ、愛しい人に笑いかける……というのが日常ですが、「戦う性」である男性の暮らしは、全く違います。女性から見たら、味気ない感じに映るかも。

そうすると、一緒に暮らしたときのベースも、それに近いのだと思ったほうがいい。

ブスーッとしていてボーッとしていて、トラブルが起こったときにだけ行動を起こすというのが男性です。

男友達や仕事を優先するのは、「俺の女」になった証拠なんですよ（微笑）。

2章

男が放っておけない女、男の気持ちを離す女

……たった「これ」だけで、男は本気になる

「運命の人」と出会うために大切なこと

いつか運命の人に出会いたい……けれど周りを見渡しても、そんな人はいなさそう。

いったいどこにいるの？

「運命」とまでは言わずとも、せめて理想に近い彼氏ができれば……でもそんな人、周りにいない、ということも多いかと思います。

けれど、周囲や合コンなどで出会った男性の「態度」で、彼が〝運命の人〟〝理想の男性〟かどうかを探ろうとしても意味がありません。

では、どうしたらいいのかしら？

その理論を、これからご説明していきましょう。

✦ムカッとくる相手こそ〝脈あり〟？

実は**〝発情する者〟同士は、性格が合わない**んですよ。

イラッとしたり、ムカッとしたりする相手にしか、発情できないことになっているのです。面白いですよね。

だから、

「あの人って、ムカつくことばかり仕掛けてくる」

「どうしていつも、カチンとくることばかり言うの」

と思う相手がいたとしたら、逆に「脈がある」ということなのです。

すべての生物は、「自分が持っていない遺伝子の型の持ち主」に恋をします。理由は、型の違う者同士の遺伝子を掛け合わせて、できるだけ強い子孫をつくるため。

「遺伝子の型が違う」ということは、「感性が全く違う」相手ということ。

つまり、とっさの判断が食い違うので、

「なんで、そうなるわけ？」

「なぜ、今これを言う？」

「って言うか、何を考えているの？」

「当然のことが、なぜできない？」

などの〝相性が最悪〟の相手に惚れることになっているのです。


たとえば、暑さに強い人と寒さに強い人がつがって遺伝子を残せば、地球が温暖化しようと寒冷化しようと子孫は残る。

だから、愛し合う者同士の〝エアコンの適正温度〟は一致しないようにできているんです。

それなのに、「こんなに寒いのに、気遣ってくれないなんて」と思っても意味がない。相手は寒くないんだものね。


ですから、あの人と私は合わないとか、あの人は私に優しくないとか、そういうことで探っても意味がないということがわかりますよね。韓流ドラマだって、そういう内容のものが多いですよね。最初はムカつき合っている二人が、「ひどい！」って言いつつも、いつの間にか恋に落ちている。

だから、運命の男性を探すコツは、まず「性格や相性を探らない」ということです。キスしてみたい、触ってみたい――そんなふうに思えるかが大切。つまり決め手は〝感覚的〟なものしかありません。

「誰に発情するか」はフェロモンセンサーが知っている

では、どうやって、相手の遺伝子を見分けているかというと、異性の見た目、声、触感（手を握ったら「あり」か「なし」かが瞬時にわかるという女性も多いですよね）、そして匂い。

とくに、体臭に含まれる**「フェロモン」**。

この〝匂い物質〟は、潜在意識で嗅ぐ匂いですが、免疫抗体の型の遺伝子を知らせているといわれていて、最も大切な情報源です。

「生殖リスク」がオスとメスで全く違う哺乳類では、メスのほうが圧倒的に、これらの遺伝子情報感知度が高く、異性の取捨選択が厳しいといわれています。

男性は、十人の美女がかわるがわる抱きしめてくれたら、「どうしてもイヤ」という女性は一人いるかいないかでしょう。

けれど女性は、十人のイケメンが登場しても、実際に抱きしめられたら「イケメンでも触れるのは不快」という男子が過半数を占めるはず。

異性を厳しくより分ける**フェロモンセンサーの感度は、二十五歳女子が最も高い**といわれています。

二十五歳女子は、たとえ数十メートル離れていても相性のいいフェロモンの持ち主を感知しているとさえいわれているのです。

おそらく、生殖ホルモンが安定し、細胞の老化がまだ始まっていないこの年齢が、初産に最も適した年齢だからでしょう。

脳の好き嫌いのふれ幅は、プラス方向に大きければマイナス方向にも大きいので、二十五歳のときは、すごく好きな人も、すごく嫌いな人もあるということ。

二十五歳の女子なんて、百人男子がいたら、「たった一人の、すごく好きな人」と、「九十九人の、触られたら気持ち悪い人」で構成されているわけです。

それは、仕方がないことなんですね。

人生の中で〝最高のセンサー〟によって、二十五歳女子は「一万人に一人」とも言うべき遺伝子配合の相手を選び出しているわけです。

だから、二十代で恋に落ちると「運命の恋」と感じます。

「彼のような人は、他にはいない」ということを、潜在意識で知っているからですね。

三十を過ぎると女の脳は戦略を変える

でもね、今、この本を読んでくださっている方で、二十五歳よりずっと大人で、彼氏募集中の方、がっかりしないで大丈夫。

感度が鈍っても、なんとかなります。大丈夫。

でも、恋の感覚は脳の戦略に従って、だんだん緩慢になっていくことは覚えておきましょう。

というのも、三十歳を過ぎても生殖に成功しない場合、同じように厳しく取捨選択していると、この個体が生きる環境において、一生涯、相手が見つからない可能性もあるということだから。

そこで、脳は戦略を変えます。

「遺伝子相性を多少悪くしても、とにかく子孫を残さなきゃ」というわけで、センサーを徐々に鈍くしていくのです。

このため、一万人に一人が、千人に一人になったりするわけですから、当然、「この人しかいない」という確信も弱くなっていきます。

つまりね、子どもを産まないまま三十代後半に入ってしまうと、燃えるような「運命の恋」をしたくても、脳がその態勢になっていないってこと。

「相手がいない」のではなく、「自分の脳が戦略を変えた」のです。

大人の女ならクールに認めたいこと

大人の女なら、そのことはクールに認めたほうがいい。

燃えるような恋ではなくても、「一緒にいて、しみじみすることができる」くらいの好意の相手で手を打たないと、三十八歳から、健康な自然初産の期限にあたる四十三歳くらいまでは、あっという間に過ぎ去ってしまいます。

ただし、四十三歳以降は、脳は「生殖ストレス」を離れて、プラトニック・ラブもできるようになるのです。


女性は、脳の生殖戦略を知っておくべきです。

二十代で「運命の恋」と感じる相手に出会ったなら、おそらくそれが、人生最高の恋愛ボルテージ。結婚できる相手なら、細かい条件や、貯金の額なんか気にせずに、結婚してしまったほうがいい。

三十代後半に入ったら、好感を持てる相手なら、友情結婚してみればいい。

四十代に入って恋力が戻ってきたら、あらためて夫にしみじみ惚れるかも。

もし、結婚した後にうまくいかなくなっても、バツイチ子持ちの女性は、けっこうモテるから、大丈夫（微笑）。

女は、賢く生きなきゃね。

この「質問」が男の気持ちをつかむ

前項では、年齢によって脳は「運命の人」を見分ける戦略を変えている、ということを話しました。では、合コンなど「普段の出会い」で、どうやって運命の人を探せばいいのでしょう？　そのコツについて考えてみましょう。

まず、合コンのときは、「好奇心のツボ」を見つけることですね。

たとえば、鉄道の話になって、相手がローカル線の旅が好き、と言ったら、

「あなたの一押しローカル線はどこ？」

と聞き、続けて、

「それはなぜ？」

と聞いていけばいい。

「質問上手」は、「惚れさせ上手」ですよ。

✦"興味が持てるところ"を深掘りしてあげる

趣味が難しければ、仕事の話でもいいでしょう。

けれど、その場合も、「どんなお仕事、してるの？」なんて、つまらない質問はしないこと。

たとえば、彼が銀行員なら、

「世界で一番いい銀行って、どこ？　プロから見て」

といったように、相手が普段、絶対に人から聞かれないであろう質問をしてみて。

その他にも、

「実は、学生時代にラグビーをやっていて」

と言われたら、

「ルール、わからないんですよね」

と言いながら、

「スクラムって、どういうふうに組むの？」

「タックルしたら、何点入るの？」

なんて質問をしてみて。彼に、

「今度、連れて行って、ルールを教えてやるか」

と思われるぐらいまで、無邪気に一生懸命に質問できればいいですよね。

自分がその話を続けたければ、それもOKですし、知らなくて教えてもらいたかったら聞けばよいのです。興味がなかったら別のポイントを見つけましょう。

自分が正直に興味を持てるところを探すのが大切。小賢しくマニュアルっぽくやるのとは、全く反対です。


合コンでは、集まった五人の男性のうち、「誰となら自分が楽しめるか」を探せばいいんですよ。「誰が自分を気に入ってくれるか」ではありません。

ゴルフなのか、ラーメンなのか、鉄道オタクなのか。私の息子だったらバイクか宇宙、パンクロックかな。その中に、自分の「きっかけ」を見つけられるかです。

一通り聞いても興味が湧かなかったら、もう二通り目を聞いたらいいでしょう。

ただし、

「日曜日は何をしていますか」

「趣味は何ですか」

ではつまらないので、

「去年一年間で、一番感動したことって何ですか」

「最近、泣いた？」

「笑いが止まらなかったことって何？」

などを聞いてみて。

「小学校のときに一番好きだった先生の名前を教えて」

とか、何でもないことでいいんですよ。

彼にとって「特別な一人」になるために

男性は〝異性の許容範囲〟が広いから、十人の若い女の子がいれば、八人くらいは「いい子だな」と思ってしまう。

だから、「キレイで優しい」なんてことで競っても、〝特別な一人〟にはなれません。

では、どうするか。

「この人としか、話せないことがある」という〝**心のフック**〟を彼に感じさせること。

それができたら、特別な人になれる。そして、「この人に、もう一度、話を聞いてもらいたい」と思ってメールをしてくれます。

でもね。世の中の大半の人がいいと思う話題じゃ、彼の心のフックにならない。

「世の中の人と違うところ」がフックになる。

たとえば、「私、ディズニーランドが好き」じゃ、「あ、そう」って感じ。

でも、

「私、ディズニーランドが、意外に苦手。テーマパークって、嫌いかも」

「あ〜、俺、それわかる」

とか、

「キャラクターでは、プルートだけが好き。だって、あの子だけ、かわいそうなんだもん。グーフィーは洋服を着ているのに、なぜ、プルートは犬のままなの？」

「あ、俺も、それ思った！」

みたいなことなら、仲良くなれるでしょう？

自分だけの小さな心の引っかかりは、会話のフックをつくり出すいいネタになります。

「小さな頃、大人に『嘘つくな』って言われて、『大人は嘘ついてるのに』って、思わなかった？」

というような話題でもいいでしょう。自分の人生の中で「心に引っかかっていること」を、さりげなく口にしていくと、いいのでは。

あなたがアンテナを向けるべき相手とは

惚れ合う相手は、感性は正反対なのに、こういう些細な着目点が重なることはよくあります。着目点が似ていて、実際の行動は食い違うというのが、「感性が真逆の相性」なんです。

そして、それこそが、恋の相手。

共通の着目点を見つけて、「え、あなたはこうするの。なるほど」と違いを味わいましょう。

それこそが、合コンの正しい使い方ですよ。

ということは、**「楽しいけど、共感できずにムカつくこともけっこうある」という人にアンテナを向けてみて。**そういう人を見つけるには、まず自分の人生や生活に好奇心を持つことが大事ですね。

人の言うことを鵜呑みにしないで、自分の感覚を大事にしておくこと。そうすれば、いつか同じように感じている人と出会えます。そうやって出会った人が運命の人かもしれないですよ。

「気づいたら恋人になっていた」戦略

せっかく好きな人ができて、相手もまんざらでもなさそう……。なのに、いつの間にか連絡が途絶えてしまった、ということはありませんか。

もう少しで意中の彼とうまくいくかも……！　というところで、自然消滅してしまったり、距離をとられてしまったり……。

気になる男性から「告白」してもらうためには、どうすればよいでしょうか。

まず、「きっかけ」があったら、「アクション」までを短くすることが重要です。

それも、具体的に内容と日にちを決めてしまうこと。

たとえば、

「美味しいラーメン、食べに行こうよ」

「いいよ」

「いつにする？　明日？　明後日は？」

という感じです。

彼を〝こちらのペース〟に巻き込んでいく

「ウザいって、思われるかも？」

と懸念するかもしれませんが、

「行きたいけど誘ってくれないし、自分からは誘えないし……」

と迷っているほうが、男性は面倒に思うもの。

女性は、「相手から言ってくれるのを待つ」傾向にありますが、それがよくある「自然消滅」のモト。

こちらから楽しく明るく誘えば、相手も無意識のうちにこっちのペースに呑《の》まれていくので、大丈夫。

そして、男性にとって「つきあう」ということは習慣です。

「なんか気づいたら、毎週、彼女と美味しいものを食べに行っているな」

「俺たち、つきあっているのかな」

という感じの捉《とら》え方をしたりするので、「既成事実」をつくってしまうのが賢いやり方かも。

一度デートしたら、

「じゃあ、次は映画に行こう!」

「うん」

「○日は、空いている?」

といった具合に、必ず会っている間に「次」を仕込んでくださいね。

それに、デートの後、なぜ間髪を入れないで約束を取りつけるかというと、男性は離れた瞬間、脳の中で次の段取りをつくって、仕事モードや男友達との遊びモードに入るから。

それに反して、女性は好きな人ができたら、仕事中でも女子会をしていても、ずーっと、その人のことが頭から離れないですよね。

ちなみに、私なら程よいところで旅行にいって、「別々に帰るの、さみしいね。結婚しようか！」と言って、結婚まで持っていってしまいますけど（微笑）。

恋が走り出したら「間」を空けない

いずれにしても、走り出したら間を空けないこと。もし空けるとしても、一週間に一回、遠距離恋愛なら一カ月に一回など、ある一定期間ごとに会う習慣をずっと繰り返すこと。

なぜなら、男性脳にとっては「定番のタスクがある」ということが、ずっと意識にとどめておくために重要だから。

「最初の二回は毎週だったけど、次は一カ月半」みたいなのはダメで、ずっとある一定のスパンで行くのがポイントです。

そして、「あなたのものの見方が好き」と褒《ほ》めたら、「あのニュース、どう思う？」など、自分が彼を買っているところを繰り返し伝えていく。

「手のしぐさがキレイ」と褒めたら、「名刺の出し方もやっぱりスマートね」など、彼にしかないところを探して褒めることがコツです。

そして、手を替え品を替え、表現を変えて「彼にしかないところ」を伝え続けると、男性は「彼女は、他のコとは違う」と思ってくれるでしょう。

ただし、「頭がいい」「イケメン」のような総体的なぼんやりしたことだと、後の会話の発展につながらないので、具体的なワンポイントを見つけてね。

「自分磨き」をがんばるより大切なこと

普段からファッションには気を遣うし、流行もきちんとチェック。ネイルにも気を抜かないし、お料理教室にも通って花嫁修業はバッチリ。友達にも女子力が高いといつも言われている。

でも、言い寄って来る人はみんな微妙な男性ばかりで、自分が「いいな」と思った人には相手にされない。

女友達も男友達も多い方だし、とくに自分に難があるとは思えないのに……。

こんな悩みを抱えている人がいます。

女性は「自分磨き」が大好きですね。

でも、もし「努力しているわりに、男性に縁がない」としたら、もしかしたら「方向性」を間違っているのかもしれません。

大切なのは「自分磨き」の中身。

本を読んだり、語学力を身につけたり、一流のネイルサロンやエステに通ったりしているのかな？

でも、いくらマメにネイルサロンに通って、ネイルをキレイにしても、レベルの高い男性が寄って来るわけではありません。

男性脳が注目するのは〝メイク〟よりも「姿勢のよさ」

男女の脳は認知構造が違うので、男性脳が着目するポイントは、女性脳のそれとは違います。たとえば、「細部」より「全体性」を把握したがる男性脳は、凝ったアイメイクよりも、姿勢のよさに目を惹《ひ》かれます。

さらに、会話の楽しさや、教養や礼儀をわきまえていること、前向きな気持ちなどの内面も、男性にとっては外せないポイントです。

もしも、たいした男性に出会えない、と思っているのなら、自分磨きのポイントがズレているかも。

エリートで教養のある男性は、言葉遣い、立ち居振る舞いがしっかりしていて、ウィットに富んだ会話のできる、知性のある女性に興味を持ちます。

もし自分を磨きたいのなら、ボイストレーニングをして声を美しくし、正しい姿勢を身につけ、きちんとした服装をし、読書もしっかりしておかなければ。狙ったターゲットをしっかり観察してみましょう。

「感動力」で恋をキャッチする

それから、「いい男がいない」「私は、こんなにがんばっているのに相手にしてもらえない」という女子は、相手に感動する力も鈍っています。

出会い力＝感動力。

たとえば、字が美しい、名刺の出し方がスマート、Tシャツの選び方のセンスがいい、音楽のセンスがいい。

周りの男性の「細かい才能」に気づいて感動するクセをつくること、それを口に出す訓練をすること。

〝感動する才能〟は、男性を惹きつけます。

「あなたの名刺の出し方、スマートですね」と言われれば、ドキッとするであろうことは、女性でも想像がつきますよね。日頃からそれをしておけば、本命の男性にもさりげなくやってあげられます。

それから、感動して口に出すクセは、直感力の回路を強めることに。キレイなものを見て「キレイ」、美味しいものを食べて「美味しい」と言うことも大事です。

些細なことに「胸きゅん」して暮らしましょう。

フェロモンセンサーが鈍っていない？

人気のスイーツや上質なコスメ、ブランド品などで自分を満足させている人は、とくに要注意です。

「自分基準」ではなく、他人の価値観やテレビ、雑誌からの情報にとらわれると、左脳の動きばかりが増大。右脳や脳全体の連携による直感力がはたらかなくなり、小さなことで感動できなくなります。

それに、一時的な高揚感は、それを失ったときの欠落感とセットになっているので、しあわせを追いかけては失うマイナスのスパイラルに。

外からの情報によるしあわせ像を追うことに必死になると、男女の出会いに必要なフェロモンセンサーが鈍り、ますます出会い力を遠ざけていきます。

「世間の情報」から距離をおく時間を持つ

ちょっとしたことでも「ステキ！」と感動できる脳になるためには、まず「早寝、早起き、朝ごはん」で、脳を活性化させること。

それから、ゆっくりお風呂に入ったり、クラシック音楽の器楽曲を聞いたり、美術館に行ったり、料理をしたりするのもおすすめです。

自分が普段からかき集めている世間からの情報（言葉）を消すことで、直感力が冴えてきます。

外見よりも、「脳を磨く」ことのほうが、出会いを引き寄せる力になってくれるのです。

「ときめき力」があがると女はキレイになる

以前は次々と彼氏ができ、相手に困ることがなかったのに、年齢を重ねるうちに好きな人さえできなくなった……。そう密かに悩んでいる女性は、案外多いはず。

二十代の頃は、それなりに好きな人ができて、つきあったりしたけれど、三十代に入ってからは全くときめかない。

職場や合コンなどでデートに誘われて、数回はがんばって食事に行くものの、アプローチされても私にその気がなくて続かない。

出会いがないわけではないのに、なぜ、誰にもときめかなくなってしまったのか。

前にも書いたけれど、女性は三十代半ばに近づくと、「ときめく能力」が鈍くなっていきます。

なぜなら、「惚れる＝発情する」力は、二十代がピーク。男性は、いつまででも生殖できるけれど、女性の場合は子どもを産める期間が限られていて、体も脳も最初の出産に照準を合わせているから。

大恋愛の末にロマンティックな結婚をしたいなら

若い頃は感度が高いので、営業先でも宅配便屋さんでもコンビニでも、いたるところに「いいかも」と思う人を見つけられたはず。

厳しいようだけれど、三十代になったら、二十代のときのように人を好きになろうとすることは、あきらめてください。

まず、二十代のときのような〝盛り上がり〟を期待して合コンに行っても、デートしても、三十五歳を過ぎている女性が、二十代の頃と同様に相手をステキと思えるわけではありません。

だから、「穏やかにしか人を好きになれない」ことを、まずは自覚して。

ただし、それも四十二歳まで。脳が積極的な生殖をあきらめた頃に、また「想念」で恋ができるようになるのです。

だから、「大恋愛の末に、ロマンティックな結婚をしたい」「生殖のために結婚するわけではない」と決めている方は、いっそ四十過ぎまで独身を貫き通すのも手です。

そこから大人の恋愛、ステキな恋愛をして寄り添えばいいだけ。

小学校のときって、かけっこが速かったり、面白かったり、暗算が得意だったりと、相手の〝ちょっとしたこと〟で、ときめきを感じていましたよね。四十二歳を過ぎると、脳がその頃に戻れるのです。

ときめく力を高めるには？

もう一つ、異性にときめかなくなってくる理由に「直感力が鈍っている」ことが原因の場合があります。

ときめく能力は「直感」と「つかみの回路」がはたらいていないとダメ。それには、右脳と左脳の連携をよくして、小脳を活性化させることが大事。

そして、そのためには、楽しいことや気持ちいいことなど、ポジティブな感情を、一人でもいいから口にすること。

たとえば、「美味しい」「嬉しい」「気持ちいい」「かわいい」など、言葉にするクセをつける。

いつでもときめいている人は、こうした言葉をよく口にしています。

それから、ダンスや楽器演奏、書道や華道、茶道、絵画、料理などで、自分の感性の中にあるものを「かたち」にすることもおすすめ。

そして、早寝早起きをして、好奇心のホルモンである「セロトニン」を積極的に分泌させましょう。

これらの習慣で、ときめく力は、ある程度、取り戻せるはずです。

LOVEの語源は「あなたに食べさせてあげたい」

最近は、男女平等の意識からなのか、デートもきっちり割り勘、なんていうカップルも多いみたい。

でも、それだと気分が盛り下がってしまうというのが正直な女心。毎回でなくてもいいから、「出そうとしてくれる」だけでも、その気持ちが嬉しいのに……。

映画やディズニーランドのチケット代も、後から彼に請求されたり、奢《おご》ってくれたのは誕生日の一回で、「今日は特別だよ」と言われたりして興ざめ……そんなご相談を受けたこともあります。

「男って、見栄をはりたいのが普通じゃないの？」

そんなふうに思ってしまいますよね。

私達の世代は、「男性が払うのが当たり前」だったから、こうした悩みは信じられないけれど、今は割り勘にする男性が多いみたいですね。男女平等教育のたまもの、仕方ないと言えば仕方ないけれど、男女関係の盛り上がりに欠けますよね。ただ男性も本当は奢れば気持ちいいはず。

それは、相手に対して「優位」に立てるだけでなく、そもそも「ＬＯＶＥ」という言葉の語源は「食べさせる」という意味からきているからです。

それは、男性が女性に対して、というだけでなく、女性が子どもにごはんを食べさせるという意味も含め、「食べさせることで相手が幸福になること」なのです。

これが男と女の「情の深め方」

もしかしたら、「いつも割り勘で気分が盛り下がる」というカップルの場合、彼女のほうにも彼に対して「ごちそうしてあげたい」という気持ちがないのかもしれませんね。

脳は「相手を写す鏡」なので、相手がニコッと笑ったら自分も笑いたくなるし、一生懸命に話しかけてくれたら一生懸命に応えたくなるものです。

デートのプランを出してくれたら、自分もプランを出したくなるもの。

「相手がすること」を自分に置き換えて考えたほうがいいのです。


相手に奢ってもらうのが当たり前なのではなく、自分が奢ってあげたり、手料理をふるまったり、お弁当を持って行ってあげたりなどしていますか？　こうした悩みをこぼす女性は、本人自身に「彼に食べさせてあげたい」という気持ちが足りない気がするの。


「すっごく美味しいランチを見つけたから、あなたに食べさせたくて、たまらなくなったの。行こうよ」

と言ったら、相手は嬉しくならないはずがない。漫然と「デートだから、どこかで食べる」ということではなく、愛する人の笑顔が見たいから美味しいものを食べに連れて行く、というのが相手にごちそうすることの基本ではないのかな。

それで、

「私が食べさせてあげたかったから、私が出すね」

という心意気に対し、いやいや嬉しかったからお金は自分が出すよ、とか、次は自分が何かしてあげたい……となるのが男女の情の深め方。

そういう気持ちの交流がないまま、

「デートしました、奢っていただきました、私は愛されています」

というポイント稼ぎで考えていたらダメ。まずは相手に美味しく食べさせたいという気持ちが鏡のように写し込まれていくので、あなたがそんな気持ちを持ちましょう。


それは単に奢ってあげるのではなくても、いただいたお菓子が美味しかったから、彼にも持っていってあげるとか、「ちょっとしたこと」でもいい。

「コンビニで買ったら、美味しかった」と、食べかけのチョコを半分出してあげるだけでも恋人同士なら嬉しいもの。


そんな、「些細なこと」を繰り返して、お互いの間であげたりもらったりしながら愛情は増幅するもの。だから、まずはあなたが食べて美味しかったものを食べさせてあげる。それで、あなたが奢ってあげてもいいじゃない。

そんなふうにして心を通わせていってください。

「最初のデートで割り勘」でも気にしなくてOK

ちなみに、初めて一緒に食事したときに割り勘だった場合、「えっ⁉」と引かないように。男性はすごく気を遣うので、「奢る」となると、逆に相手に負担になるかな、と思うこともあるのです。


最初のデートで奢られなかったとしても、気にすることはありません。私なら割り勘と言われたら、

「私はあなたとの関係で二つに割るのはイヤだから、私が奢るわ」

と言うかな。

いい男なら、きっと「だったら俺が奢るよ」となるだろうけれど（微笑）。

最初のデートでそれを言ってしまえば、その後はどちらかが奢ることになるし、そうしたら、男性のほうが奢る回数が増えてくるでしょ。

「半々に割るのは、もうさみしい」って、どこかのタイミングで言ってください。「それくらいなら、私が奢る」くらいの気持ちで。

割り勘を許したままだと、いつまでも「友達以上、恋人未満」のままになってしまいますよ。

彼の浮気
――そのときどう考え、どう行動する？

大切な人や恋人の浮気に悩まされている人は、多いかもしれません。

どうして彼は浮気をするの？　もしかすると私が悪いの？　そんなことを考えてしまうこともありますね。

そもそも、男性と女性では、「浮気」についての概念が違うから、浮気という言葉の使い方が違うんですね。

そもそも男性は、一人の女性に絞るようには脳ができていません。一人に絞るためには、「つきあっている」というよほど強い意識か、「結婚している」くらいの制約が必要です。

食事をする、趣味が一緒で何度か会うくらいでは、浮気と呼ばないほうが精神衛生上、いいのかもしれないですね。

もちろん、親しい女性なんて、一人いれば十分という男性もたくさんいます。その場合、「面倒くさい」が一番多い理由（苦笑）。つまり、浮気されたくなかったら、面倒くさがりで、出会いの少ない理系男子を狙ったりするのが早いのかもしれません。

おっとりと「戻りたくなる女」でい続ける

さて、とはいえ、こまめで優しく、出会いの機会の多い男子に惚れてしまうこともあるでしょう。その場合は、「人の心は、縛《しば》れない」ことを肝に銘じてください。

おっとりと**「戻りたくなる女」**でい続けるしかありません。

イソップ寓話《ぐうわ》の「北風と太陽」を思い出してください。上着を脱がせるためには、力で引きはがすより、温かくして不必要にしてしまえばいい。口うるさい北風になるよりは、太陽になるほうが、結局は早いんです。

つまり、彼にとって、「浮気相手が不要」と思わせるくらいの、「戻りたい女」になればいい。

浮気してもしなくても、彼にとって「常に必要な女性」になっておけばいいのです。

そのためには、

「この人としか交わせない言葉がある」

「この人にしか、わかってもらえないことがある」

ということを、つくっておくことです。

たとえば、自分にしかない世界観があるということ。この件については彼女に聞いたら、一番深い答えが返ってくると彼が思う得意分野を持っていたら強いですね。

いわゆる知識体系でなくてもかまいません。彼女なら必ずユーモアで返してくれる、彼女なら黙って傍《そば》にいてくれるという普遍性を持つのも手。

あるいは、彼が持っている世界観に対して、深い理解があるというのもステキです。

付け焼刃ではなく、時間をかけて理解を深めてください。

他にも、彼の努力をずっと知っている、今は成功しているけれど、叩き上げのときからずっと見ていて、自分の人生を知っていてくれるというのもいいですね。

恋をしたら「言葉のおしゃれ」も忘れずに

この人としか話ができない、ということは、いくつもつくれます。彼の思い入れが深いものに対して、一緒に思い入れが深いというのもそう。別に崇高《すうこう》なことじゃなくて、いいのです。

でも、それはね、つくってもダメなのです。野球に興味はないけれど、彼がタイガースファンだから、私もがんばってファンになる、というのでは、がんばりきれない。自分の得意分野からアプローチして。

たとえば、お料理が好きで、彼が草野球をしているなら、「アスリートのためのランチづくりなら任せて」とか、そんなふうにサポートできるかもしれませんね。

こんなふうに「この人としか話せない」ことがあれば、必要とされる女性になれます。

男性は、美人だから恋に落ちても、美人だからという理由で離れられないわけじゃない。恋をゲットしたら、次にするのは、エステよりも**「言葉のおしゃれ」**なのです。

「面倒くさい女」になってはいけない

それから、「面倒くさい女」になってはいけません。

男の人は、恋人に「情」がまだあっても、面倒くさくなって関係を終わらせることがけっこうあります。

たとえば、男性がうまく説明できないことをいつまでも追及されるとか、女性が我を張るとか。

男女では脳が違うのですから、こちらが正しいと思っていることと、相手が正しいと思っていることと、折り合いがつかないことが九八%なんです。

女の人は「自分が正しい」と思い込んでいるから、相手の男性が嘘をついているとか、わけがわからないふりをしていると思うでしょう？

でも、脳が違うのです。どちらも「自分が正しい」と思っているわけですよね。

折り合う場所や納得がいく場所がないのに、折り合いをつけなきゃ先に進めないと執着する女性がいます。でも、そんなふうにがんばっていると、結局、最後は捨てられます。

男性脳は、男女関係の面倒くさいことには耐えられないのです。

生殖リスクが低い哺乳類のオスは、ばら撒《ま》く性ですから、面倒くさい異性に関わっている時間がもったいないと思うように脳がつくられているのです。さっさと次の異性に行ったほうが、遺伝子が残せますからね。

目くじらを立てても、いいことはない

それから、スマホや携帯のメールからわかるような細かいことは、「知らないこ

と」にしましょう。彼のフェイスブックも見ないほうがいいのです、本当は。

「あなたは、あの日あのとき何をしていたの？」「連絡しなかったじゃない」とか、

とやかく追及すると、もし女性と食事にでも行っていたのだったら、言いづらいこと

を言わなきゃいけなくなる。

言いづらいことを言いたくないがために、別れる男性だってすごく数が多いんです。

生殖リスクが高い女性は、遺伝子を厳選して一人の男性に惚れるのですもの、そん

なことで捨てられてしまったら、もったいないですよね。

だったら、黙っておけばいい。そうすれば、別れなくてすむのですから。

女の人は、男性の浮気に目くじらを立ててしまいがちですが、「黙って帰って来る

のを待つ」くらいの度量が必要なのかもしれないですね。

彼のことが好きなら、大切なのは「彼と別れないこと」のはず。彼との大切な関係

を守るためにどうすべきか、考えて行動したいものですね。

「不倫の恋」について

惹かれる男性は、いつも年上の大人の男性ばかり。気がついたら何度も不倫を繰り返していた……。意外と多いケースです。

年上の既婚者は、みんな優しくて包容力があり、知識も豊富で、その上、経済的にも余裕がある。

もちろん、彼が奥さんと別れる気がないのはわかっているので、将来を考えて、独身の男性とつきあおうとしても、話も退屈だし、子どもっぽいし、頼りがいもなくて、全く魅力を感じない……。

そんな話をよく聞きます。

年上の既婚者は、女性脳をよく知っているので、イラつかずに話を聞いてくれ、うまく共感のあいづちをうってくれる。女性が喜びそうなお店も知っているし、そこへ連れて行ってくれる段取りもスマートですよね。

とくに今の四十代、五十代は、バブル時代を経験しているので、一流店での振る舞い方も知っているし、TPO（時・場所・場合）に合ったジャケットの着方も知っているし、クラシック音楽などの教養もある。

私も、若い男性とデートするよりも、同世代の男性とデートしたほうが、「やっぱりいいわ、安心して身をゆだねられる」と感じたりするくらいですから、若いお嬢さんには、きっととても魅力的でしょう。

向こうは向こうで、若い女性がかわいくてしょうがないでしょうし。

若い男性が物足りないのは、当たり前

しかし、いったんそこにはまってしまうと、若い男性を物足りなく感じてしまうのは、自明の理。当たり前です。

そして、その「当たり前」をどう処理するか、が、女の勝負どころなのではないでしょうか。

ちなみに、不倫相手が妻を捨てて自分と結婚する、という可能性は、まずはゼロだと思ってください。ときには、そんなことも起こりますが、宝くじに当たるようなもの。その確率に女の人生をかけるには、リスクが大きすぎます。

というのも、男性脳は、基本的に女性を積極的に嫌わない脳なので、経年劣化くらいでは捨てようとは思いいたらないのです。

妻に対する無関心に妻自身が耐え切れずに彼を嫌いになるか、妻がヒステリックなタイプで、ちょっとしたことを大袈裟《おおげさ》に騒いで自滅してくれれば略奪愛も起こりますが、いずれも妻の性格に依存します。

毎日しあわせそうに洗濯をし、ごはんをつくって……というノーテンキなタイプだと、本当に手ごわい。ダンナの機嫌に関係なくご機嫌でいてくれる妻なんて、別れる理由が見つからないのだから。

不倫相手の女性にときめく恋をしていても、男性にとって、妻はまた別なのです。相手の奥さんが自滅しない限り、略奪愛はほとんど起こらないと思っていてください。

「成熟した大人の男」と恋するための三つの戦略

したがって、どうしても成熟した大人の男がいい、となったら、戦略は三つしかありません。

①いっそ、恋人に徹する

相手の家庭を壊さず、自分の生活は自分であがない、彼を恋人として生き抜いていく覚悟をする。経済的にも、社会的にも、精神的にも「自立した女性」として生きていかなければならないし、出産もあきらめることが必要です。

その覚悟の上に、自分も十分に大人になった頃、その彼をゲットする人もいるし、若い恋人ができて劇的な結婚をする人もいるし、別の同世代の独身男性と出会って大人の結婚をする人もいます。

②「成熟しているのに独身」の男性を探す

仕事に夢中で、あるいはバツイチで、「大人なのに独身」の男性もいます。この層を狙うという手も。しかしながら、仕事没頭組は女性の扱い方を知らないし、バツイチ組はその自由をなかなか手放そうとはしません。

この戦略は、意外にも一番、実現可能性が低いのです。

③いったん大人の男性を断って、共に歩ける同世代の男性と向き合ってみる

私は、これをおすすめします。結婚・出産は、女の人生のマストではないですが、縁あって経験できれば、エキサイティングです。青年がゆるぎない成熟男子になる道のりを見守るのも、なかなかオツなものですよ。

「今のデート」で考えれば物足りない若い彼も、長くつきあえば深い感性に触れることもあります。

男性は表現力がプアなだけで、感性がプアなわけじゃないですから。

それに、女性ホルモンの分泌は、日ごろ男性の匂いを嗅いでいる人のほうが安定す

るというデータもあります。

女性ホルモンは、女性を様々な疾病から守り、みずみずしい肌や、女らしい曲線をつくってくれる大事な要素。好きな男性の匂いの中で暮らすことは、心にも体にもいいことなのです。

「半分幻想不倫」は、脳にとって有益⁉

ちなみに、不倫は不倫でも、お互いに結婚している場合の「半分幻想不倫」は脳科学的におすすめできます。ステキな異性と食事をして、粋な会話を楽しんで、帰り際にちょっと手をつなぐくらいのことがあってもいい。

脳は、結婚をしたからといって〝恋する能力〟を失うわけではありません。

生物多様性論理（できるだけ多様な遺伝子の組合わせを残すほうが有利）にのっとって、脳は、組合わせの違う生殖を重ねたいのです。

したがって、新たな生殖相手を求めてほろりと発情してしまうことは、脳科学上、仕方のないこと。これを自制心で止めるのが人としての道かもしれませんが、本能に背くので、かなりストレスだし、免疫力も落ちます。

しかし、「半分幻想不倫」でストレスを少し解消し、わくわくどきどきも経験できれば、生殖ホルモンが活性化して免疫力も上がり、アンチエイジングにかなり効きます。

不倫に対する哲学は、人それぞれだと思いますが、私の七十代の女友達が言った、「女はね、人に言えない恋の一つも経験しないと本当の女になれないのよ」という言葉も、私は好き。

それを胸に秘めて自分を成長させるのも、幻想として処理するのも（それも苦しいけどね）、どちらも脳にはいいことなのですよ。

なぜ、いい女が「ダメ男」にはまるのか

つきあう男は、なぜかいつもダメ男、女にだらしなかったり、借金癖があったり、そんな男性なのに好きになってしまう——。

でも、ダメ男を好きになる方は、ステキな女性なのよね。誠実で、お金も稼げて、母性があって、情が深い女性ほどダメ男を好きになる。

それは、遺伝子のなせる技なのです。

自分とは違うタイプを好きになって、より多くの遺伝子のバリエーションを残すことによって、生物は生存する可能性を上げようとしています。

偏《かたよ》った遺伝子しか残せなかったら、異常気象になったり、伝染病が流行ったりすると、種が絶えてしまうでしょう？

寒さに強い遺伝子も、暑さに強い遺伝子も子孫に残したほうがいい。

このため、ヒトは自分とは異なる免疫抗体をつくり出す遺伝子を求めるから、感性が真逆の相手に惚れがち。ダメ男ばかり好きになる女性は「いい女」で、そういう男性の遺伝子セットに共通している特徴に惹かれている可能性が高いのです。

でもね、ものは考えよう。ダメ男ばかり好きになってしまうステキな女性は、地球上のダメ男を助けるために生まれてきた天使。ある意味、覚悟を決めたほうがいい。本当に惚れた男と結婚したければね。

〝手なずけ方〟はタイプごとに違います

ダメ男の種類ごとに手なずけ方は違います。それぞれにルールを決めて、自分を守ってください。

お金にだらしない彼であれば、「暮らしは私がささえるけど、使い道のわからないお金は絶対に出さない」とか。あるいは「月に最低十万円だけは家に入れてね」とか。

日常守ってほしいルール、絶対に許せない限度を決めて、それを守っている間は何も言わないようにするとよいでしょう。

男性は基本的にルール好きの上に、ダメ男は楽なほうへ流れる性質の持ち主。してしまったことを「どうして？」と問い詰めても、面倒くさがって説明もしてくれないけれど、「こうしてね」は意外に守ります。

逆らうより、言いなりになったほうが楽だからです（苦笑）。

だからこそ、優しくて、几帳面な女性にとっては、一緒にいて楽な一面があるのです（そこに惚れちゃうんでしょ？）。

ダメじゃない男に出会いたいと願っても、遺伝子レベルの反応だから、ムダな抵抗かも。いくら周りに誠実な男性がいても目に入らないし、アプローチされてもピンとこない。いい男に出会えないのは、「そこにいないから」ではないのです。

もちろん、そこそこの友情を感じる男性と、穏やかな暮らしを営むことも結婚のかたちの一つ。年齢を重ねてくれば、その選択もあります。

女を艶やかにする「知的な生き方」

自分の人生は、自分でつくる。いつもダメ男を好きになってしまう人は、そういう男に惚れてしまったら覚悟を決めて。そして、自分のことは自分で守るようにしてください。そのためにも、ちゃんと職業を持ったほうがよいでしょう。

ステキな女性だからこそ、こういう遺伝子のミックスになると自覚して、自分が悪いとか、相手を変えようとか思わなくていい。

ただし、「自分を守るルール」は賢く決めてください、何度も言うけど。彼の言葉や態度が、あなたを卑《いや》しめるのであれば、辛くても、その男は捨てなきゃいけない。

それでも、どうしてもダメ男以外の男性と結ばれたいと言うのなら、自分がだらしない女になってみては？

お金もないのにカードで買い物するとか、友達との約束を破ってみるとか、誰かに仕事を押しつけるとか、ちゃっかり奢らせてみるとか。

でも、たぶんできないと思う。

人は、それぐらい自分を変えられないものなんです。

つまり、ダメ男も自分も変えられない。だから、自分を変えようとするのも、相手を変えようと思うのもやめて、「覚悟を決める」しかないのです。

「あきらめる」というとネガティブなように聞こえるかもしれないけれど、これは「覚悟を決めて、自立して、自分を守りながら、相手を受け入れる」ということで、知的なあきらめ。

ただ、その生き方は、女を艶《つや》やかにします。

女の人生に、努力のし損というのはないのです。

3章

結婚できる女、できない女、しない女

……何が男の心を動かす「きっかけ」になるのか

男は「この人だ」と確信しないまま結婚する？

女性にとって、結婚相手との出会いはまさに「運命」。

この人と会うために現世に生まれてきた、とまで思うほど確信に満ちているけれど、男性はその確信がほとんどないまま結婚を決めています。

哺乳類のメスである女性は、自ら身ごもって命がけで出産し、授乳しなければ「一生殖」が終わりません。約二〜三年の時間を割くことになり、命を落とす場合もある。

一方、男性は理論上は数分で「一生殖」が終わり、ほとんどの場合、命に別条はありません。

このように生殖リスクの高い女性は、相手をつぶさに観察して今まで出会ったすべての異性と比べ、「最高の免疫抗体の型の遺伝子」を見つけ出して発情。

それは、一万人の中の一人を見つけ出しているんだから、恋をしたときの確信は深い。一人の男に照準を合わせた瞬間に、後からどんなイケメンが来ても、どうでもよくなっちゃうのよね。


結婚式でも、花嫁は「こんなにいい男をもらっちゃって、ゴメンネ」と内心は優越感に浸っているのですが、他の女性にとって、その新郎は生殖相性がいいわけではないので、なんとも思わない。

ところが、男性は「そこそこの免疫セット」でも十分なため、百人のそれなりにかわいい女性が迫ってくれたら、八十人くらいは「アリ」。なので、脳の確信がそれほど深くないのです。


「え〜っ！　そんな〜（涙）」と思うかもしれませんが、大丈夫。

最初は確信がなくても、最後には結婚した女性が勝つのだから。

男性はずっと一緒にいて、責務を果たし続けてきた相手に愛着が湧くようにできているのです。相手がしわくちゃになろうと、毒づく妻であろうと、それは変わらない。だから、奥さんが先に亡くなったりすると、さみしくて早死にしたりするのです（高年齢夫婦の場合、妻の死後三年以内に亡くなるケースが多いといわれています）。

男は「わかりやすさ」に弱い

愛を確信した女性は、理由もなく尽くしてあげることができるけれど、男性にぼんやり「優しくしてね」「ずっと好きでいてね」とお願いしてもムダ。

身辺を定点で固め、遠くの目標を見定め、「到達すること」が快感な男性脳には、わかりやすい責務とゴールをあげて、それを遂行させることが重要です。

たとえば、責務を果たし、「給料」「ボーナス」「昇進」がゴールの会社をおじさんたちは愛し続けますよね。

だから、責務はお風呂を洗ってもらったり、電球を替えてもらったり、たとえば

「私、週末はいつも、さみしくなるから、土曜の夜は必ず電話してね」とかでもいいかもしれません。

ポイントは、「定番の責務」で頼ること。そして、ゴール確認としてお礼を言ってあげることも忘れずに。

洗い物をしてくれたら、「あなたが洗ってくれると汚れの落ちが違う」、お風呂を洗ってくれたら、「男の人じゃないとカビをキレイにとるのはムリね」みたいに。

それは「手伝いをしてもらう」だけの成果ではなく、それが生きがいになるし、外でステキな若い女性と恋をしたとしても「俺がいなかったら、あいつはどうやって電球を替えるんだろう」と、可哀想《かわいそう》になって帰ってきたりするので、一石三鳥なのです。

もう一つ大事なのが、一度決めた責務は、もし自分ができたとしても永遠にそれをやり続けてもらうこと。

それがお風呂を洗うことであれ、電球を替えることであれ、「責務を果たさなくては」という気持ちが信号のように入っている男性脳は、それに対して迷いがないのです。

そして、責務を果たしてきた相手に対して、結婚の後半には男性脳の確信のほうが深くなるのです。

そんな妻という存在に、ぽっと出の愛人が勝てるわけがありませんから！

結婚したい……「出会い」をつくる方法は？

仕事や遊びを楽しんできたけれど、年齢的にもそろそろ結婚したい。でも、結婚したいと思うような男性がなかなか現われない……。

積極的に飲み会や街コンに参加していても、なかなかいい出会いに恵まれず、彼氏いない歴も数年に……。

でも、そろそろ歳だし、子どもも欲しいので結婚したい。もし、このまま結婚できなくて、一人で生きていくことになったらどうしよう――。

この悩みを翻訳すると、「出会いはあるのに、いい人がいない」ということだと思います。

でも、もしあなたが三十代半ばの年齢になっていて、「いい人」＝「ときめく人」

と思っているならば、いないのは当然のこと。

それは脳の生殖戦略によって三十代半ばになると、「ときめく能力」が鈍くなってくるからなのです。

前にも書きましたが、二十代のうちは、「できるだけいい遺伝子配合の相手」と結婚したいから、異性を厳しく取捨選択します。「何千人分の一人」の男性を厳選して発情しているので、出会った瞬間にときめいて、「この人しかいない」感があるのです。

だから、二十代の恋は確信が強い。


でも、三十歳を過ぎても妊娠していないということは、このまま妊娠しない可能性が高いので、脳が戦略を変えて感度を鈍くしているのです。

鈍いということは、捨てる男の数が少ないし、おじさんが近づいてきただけで「気持ち悪い！」みたいなことにはならないので、選択肢が広がります。

ただ、激しいときめきがないだけ。

本当だったら、友達に反対されても、経済的に厳しくても、「この人が好き」と思ったら、失敗してもいいから二十代のうちに結婚すべきなのです。

それでダメだったら、やり直せばいいだけ。

もし、三十代半ばを過ぎていたとして、結婚して子どもが欲しいなら、恋なんて言ってないで、さっさとお見合いをしましょう。

それで、手を握って気持ち悪くなくて、お互いにイヤでなければ、その相手に決めてください。

自分の行動圏外で出会いを探して

それから、合コンに行っても、婚活しても、穏やかに過ごせそうな相手さえ見つからないのは、そこに来るような男性に、自分の遺伝子に合う相手がいないということ。

だとしたら、全く違う場所に行かなくてはいけません。

田舎の農園や漁師町、とんでもなくマニアックなナントカ工学の勉強会や農業実習、工場見学に行ってみるとか。

普段インドア派なら、自転車競技やカヌー、登山に挑戦するのもいいし、逆に活動的な人であれば、俳句の会などもおすすめです。

ポイントは、発想をガラリと変えて、思いもよらない場所を選ぶこと。


とはいえ、もし、一人で生きていくという選択をするとしたら、自分が社会的にできることを何か習得しておきましょう。

趣味でもボランティアでもいいから、自分が活躍できて、ステップアップできるものを身につけておくと安心です。

結婚にとらわれない趣味仲間などの人間関係をきちんと築いておけば、そのうち「ああ、なんか別々に帰るのは、さみしいね」と思えるような相手が見つかることもあります。

ひょんなことから〝一世一代の恋〟ができるかも

四十歳を過ぎると、脳が生殖のための戦略をあきらめてきますから、かえって、小学生のときのようなプラトニッククラブもできるようになってきます。

ひょんなことから一世一代の恋をするかも。


大事なのは、知と戦略。

まとめてみると、女は三十五歳を過ぎたら、ときめく相手を探しに、いつもと違う場所に出向くこと。三十八歳になっても出会えず、「この人生で子どもが欲しい」と思うのなら、恋だのときめきだの言わずに、「いい家族になれる人」を冷静に手に入れる。

それも気持ちに合わないのなら、「女の人生は、子どもを産むことがマスト」という価値観を捨てて、別の生きる価値を創生すること。

自分を磨いて待っているだけじゃ、大人の恋は始まらないのです。

男の「短所」ばかり気になる理由

真剣に結婚相手を探していると、「将来を託す相手」だからと、つい相手のアラばかりが目についてしまう、条件が気になってしまうという女性、多いようですね。

たとえば、自分より背が低かったり、収入が少なかったりするのは、ちょっとダメ。お箸の持ち方が下手だったり、趣味が合わなかったりするのもイヤ。

結婚相手だから、妥協はしたくない……。

でも、相手の「短所」ばかりが気になってしまうということは、その人に対してちゃんと発情していないということだと思います。

女性脳は、基本的に、異性に対して「警戒スイッチ」が入っています。生殖リスクが高いので、遺伝子相性の悪い異性に妊娠させられるわけにはいかないから。

男性にふいに近づいてこられれば、イケメンであってもイヤな感じがしますし、紹介された男性のアラ探しを、ついついしてしまうもの。

そうしながら、無意識のうちに異性の匂い（知らないうちに嗅《か》いでますよ）、見た目や触れた感じなどで、その人の遺伝子タイプを読み取り、生殖相性を確認しています。

「生殖相性がいい」と判断すれば（自分との遺伝子ミックスによって、よりよい子孫が残せると判断すれば）、発情します。

脳科学から見た「恋の正体」

ロマンティックじゃなくて申し訳ないのだけど、脳科学的には、それが恋の正体。

そして、いったん恋に落ちたら、脳が「一生殖に必要」と見なした期間（長い人で三年ほど）だけ、相手への警戒スイッチを切ります。

いわゆる〝あばたもえくぼ〟期間ですね。条件や欠点が気にならない時期が訪れます。

ただ、食事を一回したくらいでは、なかなかピンとこないもの。ましてや、女性は、三十代半ばくらいから「ときめく力」が低下していき、三十八歳から四十二歳くらいまでは、いっそう異性にピンとこない状態に。

女の〝発情力〟を上げるちょっとしたコツ

三十歳を過ぎても条件ばかりが気になっている女性の中には、全体に発情力が低くなっている人もいるかもしれませんね。

そんなとき、恋力を上げるためには、

◇きちんとした食事をとる
◇夜中の十二時までに眠る
◇夜間のスマホやゲームをやめる

この三つが、最低条件になります。

夜はしっかり寝て、朝日とともに起きるというのは、あらゆるホルモンの正常分泌の大事な条件。恋力を上げる女性ホルモンのエストロゲンも、異性をひきつける明るい表情をつくってくれるセロトニンも、この生活習慣が出してくれます。

もともと、生理周期がきちんとしている人は大丈夫ですが、生理不順の人は、とくに要注意。

独身同士の女子会は控えめに

また、恋枯れの友達とグチを言い合う食事会も禁止です。

男も女も、生殖ホルモンに連動して分泌される「フェロモン」という体臭を出していますが、これは主に異性同士が遺伝子相性を見るためのもの。

フェロモンの匂いの種類と、免疫にかかわる遺伝子の型は、一致するのだそうです。

そして、男同士、女同士もフェロモンの影響を受け合います。

たとえば、女性ホルモンが豊富な人の生理周期に、周囲が巻き込まれるように揃ってしまいます。「生理がうつる」というのも、このため。女子高、女子大では当たり前の事実ですよね？

私も昔、寮にいたとき、同室の女子たちの生理が重なる経験を何度もしました（笑）。


その理由としては、人間も、もともとハーレム型の哺乳動物だからだといわれています。たとえば、ライオンは一斉に発情して生殖し、子を産んで一緒に子育てしますが、そのほうが、母乳が足りないときに他のメスのお乳がもらえるし、生存の可能性が高くなるから。

生理周期を同じくして、一斉に排卵して、一斉に赤ちゃんができるのは、子孫存続のために好ましいことなのです。


女性ホルモンが豊富な「発情力の高い女子」につられるようにして、周囲の女性も女子力が上がる。

だから、「発情力の高い女子」と一緒にいなければいけないのです。

モテる友達や、結婚していたり、子どもがいたりする女友達とつるんで、恋バナを聞かなくちゃ。

女子力を上げて恋の相手を見つけたいなら、女友達の自慢話を痛い思いで聞くくらいが、ちょうどいいのですよ。

煮え切らない彼に結婚を決意させる方法

つきあっているのに、彼がなかなか結婚してくれない。

別れようか、このまま関係を続けようか、迷っている……。

いつになったら結婚できるのか不安だし、待ち続けるだけでは自分がイライラしてしまい、関係が悪化してしまう。

この悩み、「定番」ですね。


彼が結婚する気になるように、女性ができることってあるのか、というと、それはもちろん、Ｙｅｓ。

でも、その前に知っておいてほしいことがあります。そもそも脳科学上は、男性にとって結婚はネガティブなものなのです。なので、「愛してる」が女性のように自然に「結婚」へ直結しません。だから、彼がプロポーズしてくれないことでめげないでね。

なぜなら、哺乳類のオスは生殖リスクが少ないために、「ばら撒《ま》く」ほうが遺伝子をより多く残せます。つまり、一人の女性にずっと引きつけられるように、脳はつくられていないのです。

女性脳のほうは、遺伝子の相性がよいと感知したら強く発情し、発情したら、一定期間、一人の男性との関係を維持しようとします。そのほうが、確実に、安全に、妊娠・出産へこぎつけるからです。

だから、「恋の確信」は女性のほうがずっと深く、「結婚への気持ち」は、女性のほうがずっとずっと強いわけですね。

キーワードは「定番」と「独占欲」

とはいえ、男にも結婚に至ってしまうような心情になることがあります。

それは、彼女が**「大切な定番」**に思えてきたときと、**「独占欲」**に駆られたとき。

男性脳に「独占欲」をつくり出すのは、テストステロンという男性ホルモンなので、彼に、このホルモンが出ていないと、ちょっとお手上げ。

テストステロンの出し方は、後で指南するとして、まず大事なのは、彼の「大切な定番」になることです。

男性は、行きつけの理髪店や店をあまり変えないでしょう？　長らく狩りをしてきた男性脳は、遠くから飛んでくるものに瞬時に照準を合わせるため、身の回りの認知に関しては、かなり手薄。

そのため、身の回りのものの位置や様子が、「相変わらず」でいてくれると安心なのです。

情緒が安定していて、安心できる話し相手であり、自分の好みの味の料理を手早くつくってくれて、彼女ならではの得意なこともあって頼りになる。そんな存在になってしまえば、その「定番」を手放すのは、なかなか辛い状態になるものです。

それから、自分がその相手に、なんらかの「責務」を果たしているという確信も大

事。彼女に、

「あなたじゃなくちゃ、ダメなの」

と言ってもらえる何かがあると、がぜん離れられなくなります。男性には「定番の責務」を与えて、一方で、情緒の安定した「定番の人」になってしまうことです。

男が〝雄々しく生きる〟ために大切なホルモン

その上で、独占欲に駆られてもらうため、彼には男性ホルモン「テストステロン」を分泌してもらいましょう。

テストステロンは、下半身で分泌し、男性の生殖能力を支えるホルモンですが、同時に、脳には、闘争心、縄張り意識、独占欲、好奇心、やる気などをもたらします。

男性が雄々しく生きるために、とてもとても重要なホルモンなのです。

そのためには、暗闇の中で寝て、朝日とともに起き、一日の終わりに適度な肉体疲労があることが重要。夜の十時以降のゲームやスマホは、テストステロンを阻害してしまうので、なるべく避けてもらうこと。

遅くとも十二時には、それらの電源を落として眠っている状態に。

そして、ときどき経済的パニックや身体的パニックがあると、刺激になってなおさらいいのです。

哺乳類のオスは、命が危ないと、テストステロンで闘争心を奮い立たせ、生き延びようとするから。

おじさまたちが「ハングリー精神が大事」と言うのも、満ち足りた経営者が「断食して滝に打たれる」ような苦行に挑んでしまうのも、少なくなってきたテストステロンを増量させ、やる気や好奇心を何とか取り戻したいからなんでしょうね。

女として成熟するエクササイズ

一方で最近、二十代半ば同士の若い結婚が増えていますが、彼らはなんとも自然体。男女とも、男が妻や子どもを養うという気負った感覚がなく、

「一緒に住んだら家賃が半分ですむ。一緒に稼いで、一緒に家事も子育てもしたら楽

じゃん」

と、あっさりしたもの。

だから、彼が「仕事に集中したいから、今は結婚したくない」と言う場合、「結婚」が負担に思えている証拠。そういう場合は、

「一緒に住んで、私が洗濯を分担してあげたら、きっと今より楽になるよね。大袈裟に考えなくていいよ」

と自然体で〝一緒に住む〟メリットを語ってみたら？

やがて二人に縁があったら自然に、籍を入れるタイミングがやってくるはず。万が一そうではなかったとしても、女として成熟するエクササイズだと思えば、ムダなことなんて何もないのです。

なお、男性は女の下心に敏感。

「とにかく一緒にいたい」「あなたを支えたい」「一緒に帰りたい」とか、ピュアな気

持ちで一緒にいれば、その先につながりやすくなります。

もし、結婚を促《うなが》したくなったら、一回は無邪気に「あなたと結婚したい」と言えばいい。でも、彼が「今はできない」と言った以上は、重ねて言っても逆効果です。

最後に、今つきあっている「結婚しようとしてくれない彼」と別れたほうがいいか迷っている人へ。

恋愛の集中力は、通常、三年で切れるものです。もし、つきあい始めてから三年以上、経っているのであれば、あなた自身の脳も、彼に対する熱意が薄まっている可能性が。

その場合、別れという選択肢もあるのかも。

つきあい始めて三年過ぎた相手に固執するより、まだ劇的な恋愛ができるうちに、相手と別れて新しい人と恋に落ちたほうが結婚につながりやすいかもしれません。

結婚前の同棲、これだけは注意

最近は、結婚する前に恋人と一緒に暮らし始める人が多いようですね。生活を共にしていけるか試してみたいと思うのかもしれませんが、結婚前に同棲生活を始めるときは、ちょっと注意すべきことがあります。

同棲は、結婚への準備のつもりでしょう？　でも、ただぼんやりと同棲を続けているだけでは、結婚へのタイミングを見失ってしまうことも。

だから、一緒に暮らし始めるときから、一緒の貯金口座をつくるとか、別々でも、それぞれに二人のための貯金を始めるなどのことをすべきですね。

それで、「貯金が○万円たまったら、結婚しようね」と話しておくのです。

お金の話が難しかったら、

「二年先のアパートの更新のときには、次のステージに上がりましょう。ちゃんと結婚して、もう少ししっかりした部屋に移りたいの。

ここは、それまでの繭《まゆ》みたいなものね。それはそれで幸せな場所だけど（微笑）」

なんていうふうに伝えてみたら？

最初から、自然に結婚の話をすればいいんですよ。暮らし始める前に、「あなたと人生設計を一緒にしていこう」という話をするほうがいい。

漠然と一緒に暮らし始めるのは、戦略ミスです。

男性脳に「結婚というゴール」を設定させるには

男性に対しては、「ゴールはどこか」というのを最初に設定しておくのが大事。

だらだらと一緒に暮らすのを目的にアパートを借りて二人で入っちゃうと、「一緒に暮らすのがゴール」だと思ってしまうから、そこから一歩（＝結婚）を踏み出すのは大変なの。

「人生を共にしよう」というところまで見込んでいない男とだらだら暮らすなんて、

私には信じられないですね。

また、一緒に暮らすときには、「あなたの人生に対して、私はとことんアシストする」宣言をしてから一緒になるべき。

ごはんもちゃんとつくって、貯金もちゃんとして、あなたがいなかったら進んでいけないっていうぐらい、彼にとって必要なパートナーになればいいのでは？　つまり彼を支配下に置いてしまえばいいんですよ。

そういう話をしないで、ままごとみたいな同棲をしていたら、「そこで終わり」になってしまうんです。

それで、「彼がプロポーズしてくれないの」って、だんだん恨みがましい顔になっていき、彼に喜び上手な新しい女友達でもできたりしたら、彼を取られてしまいますよ。

しかも、同じ相手に対する集中期間は、だいたい三年ぐらいしかないから、ぐずぐずしていると、それも終わってしまうわけ。彼に対してさまざまな不満がうず巻くようになります。

「それでも青春を捧げてきたから、この人をゲットしないと」なんて思っていたら、お互いに燃えカスですよね。

もう既にそうなってしまっている人がいたら、今すぐ、その彼とは別れたほうがいいです。そのときは、彼と一緒に暮らしていた部屋は出て、そのときに着ていた服は全部クリーニングに出して。

フェロモンはたんぱく質のカプセルに入っているので、洋服についているのです。彼のフェロモンがついていると、他の男の人のフェロモンに対する感覚が鈍くなりますからね。

そして、次に新しく一緒に暮らす人が現われたら、お互いに将来のことを語り合って、「将来のために」というかたちで同棲を始めないとダメ。

「結婚というゴール」を最初に設定しておくことが男性にとっては大切なんですよ。

4章

無邪気な女、考えすぎる女

……仕事もプライベートも絶好調——
それには理由があるのです

運がいい人は、まわりを笑顔にする

トップ経営者や有名人などの成功者には、運のいい人が多いといわれています。

あなたの周りにも、

「買う予定だった服が、ちょうどセールになっていた」

「会いたいと思った人に、偶然、駅で会って仕事のチャンスにつながった」

「オフの日が、彼の休みと重なって、関係を一歩進めることができた」

など、いつも何かと運がいい人って、いませんか。

その人たちといると、ポジティブになるし、私たちも元気をもらえる気がするもの。

その秘密は、実は「脳」の中に隠されています。

「潜在意識まで使いこなせる」のが運のいい人

まず、「運がいい人」たちについて説明します。

私たちの脳の回路は、三％が顕在意識のために、残りの九七％は潜在意識のために使われているといわれています。潜在域の中でゲットして、顕在域でジャッジしていることが、本人は気づかないだけでたくさんあるのです。

たとえば家族を守る女性たちは、知らないうちに朝、家を出る家族の体調変化を感知。無意識のうちに夕飯のメニューに反映されていたりします。

このように、「潜在域で感じたことを、顕在域に要領よく伝えられる脳の持ち主」＝「運がいい人」ということです。

潜在域で感じたことを、顕在域に要領よく伝えられる脳を持つ人は、病気知らずになる、ということだけでなく、あらゆることがうまくいくようになります。様々な出来事に対して事前に手を打っておけるので、人間関係や会社のトラブルも未然に防ぐことができます。

さらに、スピリチュアルなこと、つまり目には見えない世界や、自然現象まで察知して動けるくらいの力を、運のいい人たちは持っているのです。

体を動かし「気持ちを言葉にする」だけで直感力アップ！

この力、わかりやすく言えば**「直感力が優れている」**ということ。

直感がよくはたらくとは、「感性の領域」である小脳と右脳がきちんと使えて、左脳にその信号を伝える脳梁という場所が活性化していることが条件です。

脳梁を効率よく動かすためには、運動をしたり体を動かしたりして小脳を鍛えることや、「気持ちを言葉にする」というクセをつけることが大切。

それも、「美味しい」や「嬉しい」「あの映画はよかった」など、できるだけポジティブな言葉を使いましょう。

運動し、感動を言葉に表わしたら、早寝早起きも鉄則。

つまり、規則正しい生活が直感を磨き、運をよくすると言っても過言ではありません。

笑顔でいることが、運のよさも引き寄せる

私は企業コンサルタントをしているので、仕事柄、多くの事業家に会います。

その中で、成功している組織のリーダーたちに共通していえるのが、**「周囲を笑顔にする力がある」**こと。

これは、「運がいい」といわれる人たちに必ず備わった力なのです。

人には「ミラーニューロン」という脳神経細胞のはたらきで、相手の表情を自らの脳裏に写し取ってしまう能力があります。新生児の共鳴動作というのがあり、なんと生まれて三時間の赤ちゃんでも、目の前の人間の口腔周辺の筋肉の動きをまねる能力があるのです。

これは、脳が反射的に表情を写し取れるからできること。

それは、大人になっても残っていて、目の前の人間が満面の笑みになれば、つられて笑顔になってしまうでしょう?

実は、脳はもっと微細に、相手の表情を無意識のうちに感じ取っているのです。

そして、大事なことは、**感情は表情をつくるけれど、表情もまた感情をフィードバックしてしまう**ということ。

つまり、嬉しくなくても、嬉しい表情筋をつくれば、気持ちがなんとなく華やいでくるものなのです。

ということは、嬉しい表情をしている人は、その表情筋を周囲に写し取らせ、嬉しい気分を起こしやすくしているということ。嬉しい表情の人の周りでは、人々が前向きになるので、ことがうまく運びやすい。

結果として、「運がいい人」といわれることになるわけですね。

逆にいえば、口角の下がった沈んだ表情の人は、周囲の人々のやる気をそいで、ことがうまくいきにくくなることに。人相学は、案外、脳科学で説明できるのかもしれません。

あらゆることに好奇心を持ち、そこにいることを楽しむこと。そして、どんなときでも嬉しい気持ちで人に会うこと。それは、言葉や態度よりも多大なる力を秘めていて、奇跡を起こします。

その習慣をつけてしまえば、人生の勝ち組に入ったも同然なのです。

「他人思い」な人ほど、人生の勝ち組に

大企業の経営者をはじめ、著名人や誰もが知る芸術家など、**一流と呼ばれる人には、実は無邪気な人が多い**ということをご存じですか？

その秘密は、**「他人思い」の思考**を持っているから。

話術や戦略以前に、それは成功につながる道であるのです。

「この人に幸せになってもらいたい」

「この人を知りたい」

と、他人のことを無邪気に思っているとき、右脳と左脳の連携がよい状態になっています。

すると、まなざしが深くなり、相手を包みこむような雰囲気になります。

「この人にまた会いたい」

「この人から商品を買いたい」

と相手に思わせる磁力になります。


悲しいことに、野心があって勉強を重ねた人ほど、数字や損得勘定を司る左脳に加重がかかり、自分のことしか考えられなくなる傾向があります。すると、まなざしが浅くなり、相手に届きません。人の心を動かせず、世の中が思い通りにいきにくくなるのです。

〝無邪気な信頼〟が人を味方につける

イギリスのオーディション番組で、素人だったスーザン・ボイルが〝最後の勝負〟に臨んだときのことです。

インタビュアーに、

「これに勝ったら、あなたはプロの歌手としてデビューできます。緊張していますか？」

と聞かれたとき、彼女は、

「なんで緊張するの？　みんな私の友達じゃない」

と会場に腕を広げてそう答えました。すると、会場は割れんばかりの拍手喝采に。

これこそが、無邪気さの力なのです。

つまり、ここにいる人たちをみんな味方だと信じきれること。その無邪気な信頼が、本当に会場を味方につけてしまいました。

たとえ、わずかに敵が混じっていても気にすることはありません。要は、自分が最大限の力を発揮できることに意味があるのだから。

スーザン・ボイルは、最終バトルには負けたけれど、世界中が知る歌姫になりました。

私も、二千人の講演でも、全く緊張しません。それは、わざわざ時間とお金を使って来てくれる人を「みんな味方」だと思う感覚があるから。

私の話を聞いて「つまらない」と思われても、全くひるみません。それは、私の失敗ではなく、「自分に合わない人」の講演に来てしまった、その人の失敗だから。相手に悪意を持たないこと、後から「ああ言われる、こう言われる」と思わないことが、無邪気な脳にとってとても重要なのです。

人生は〝信じきった人〟の勝ち

子育てをしているとき、こんなことがありました。息子が朝、お腹が痛くて遅刻したとき、これから登校すると、ちょうど調理実習の時間。

「今から行ったら、試食だけで心苦しいから行かない」

と言うのに対して、

「あなたの分の食材も用意されているんだから、行きなさい。それで、お腹の調子がよかったら美味しく食べて、後片づけを人の二倍やること」

と言いました。

その上で、とやかく言う人がいたら、それでもいい、言いたい人には言わせてあげなさい、と伝えました。そのうち息子は、

「そっか、失敗をしたときは、相手のリスクを最小限にして、とやかく言いたい気持ちを吐き出させてあげれば、いいんだね」

と理解するようになりました。

悪口を言われたらどうしよう、ではなく、

「いろいろ言って、向こうはスッキリするんだから、いいじゃない」

と無邪気に考えていくべきなのです。

とやかく言われるのがイヤで、なんとか「いい子」をし続けているとストレスになるし、人の言動がかんにさわって苦しくなってしまいます。つまり、寛大な女ではいられないわけ。

三十歳を過ぎても「いい子」でいようとし続けると、多くの人の気をそこねない、予定調和の毒にも薬にもならない会話しかできなくなります。

それじゃ、個性が立たない。

その人らしさのない大人なんて、そこにいる意味がないのでは？
人は三十歳を過ぎたら、個性が存在価値になります。その個性を手に入れるコツもまた、失敗を恐れないこと。

人は、「失敗して、とやかく言われる人」くらいのほうが、結局は愛されるのだから、気にしないことです。

相手に悪意があっても、「信じきったほうが勝ち」ですから。
そのうち相手も裏切れなくなってくるし、周りに味方しかいなくなる。
人を信じられるから、結果、「他人思い」になれるのです。

〝女の直感力〟でものごとをスムーズに進めるコツ

様々なアイデアを生み出し、商品の売上にも直結する女性の「直感力」。

企業の発展に欠かせない、女性ならではの才能といえるかも。

でも、「伝え方」によっては、男性上司や取引先には理解されにくく、意見を聞き入れてもらえないことも。

「直感力」を活かして、さらにそれを上手に伝えるテクニックをマスターした女性は無敵かもしれません。


「直感力」とは、「潜在意識」の領域で感じたことを、「顕在意識」に伝えてくる力。

女性は、右脳と左脳の連携力が強く、直感力に優れています。

一方、男性は、その連携力が弱いため、空間認識力を使って物事のありようを見抜りますが、「直感力」は女性と比べるとはたらきにくい面があく「直観力」ははたらきます。

たとえば、オフィスの会議室で、新商品開発のための会議をしている、というシチュエーション。

女性であれば、商品の想定ユーザーの様々な生活シーンを、自分の体で起こったように想像できます。

新商品であるシャンプーを商品棚で見たとき、濃いピンクが目に飛び込んできたときのトキメキ、手に取ったときのボトルの丸み、匂い。

使い終わって、新しいものを買いに行くときに、そのネーミングを脳で振り返ったときにどんな感じか……。

そうしたことを〝自分の身に起こったように〟思いつくのです。

そして、

「この商品のコンセプトは、これしかないよね」

という〝決め打ち〟の案が、必ず降りてくる。

〝見せ提案〟をつけた上で「イチ押し」を言う

一人の女性が心の底から強く思ったことに、二人の女性が「あるある、わかる」と同意したら、それは普遍の真理に近い。

私は、最終決定権を持つ男性の方には、

「三人の女性が魂で感じたことは、三百万人の女性に聞いても同じこと。女性プランナー三人が口を揃えて主張したら、ＧＯを出して大丈夫」

と言っています。


ところが、男性は「責務」のもとに動いているときに、直感力の要である左右の脳をつなぐ脳梁がほとんどはたらかない。

「理論」としてはわかるのですが、体感したこと、触ったときの感じを、ありありと想像することが、会議室の男性たちにはムリなのです。

彼らは、方向性の違う複数の提案をもらって、それらの位置関係でしかジャッジできない。

そんな男性たちに意見を通したいなら、女性は「直感力」だけでものを言わないことが大事です。

つまり、提案が「A案、一つだけ」だと、「思い込みが激しい女」と思われるだけ。

「これしかないイチ押し」

があっても、

「いちいち説明しないとわからないなんて、バカみたい」

と思っても、**見せ提案を最低二個以上つける**のがコツ。

その上で、

「私がピンときたイチ押しは、こちらの案です」

とつけ加えるといいでしょう。

さらに、相対数値をつけて表にしたり、グラフにしたりすると、男性は安心して聞き入れてくれます。

男性には「理詰め」が効く

パートナーに家事を手伝ってもらうときも同じ。

漠然と「私も働いているのだから、半分やってよ」と言っても、そもそも「何が半分か」もわからない男性脳には、グチにしか聞こえません。

家事をリストにして、分担チェックを入れて渡すと、何をやってもらいたいか、それが全体のどこに位置するのかがわかって、男性脳の「使命感」を喚起できます。

たとえば、ゴミ捨て一つをとっても、

1 ゴミ袋を切らさないようにキープする
2 分別ゴミの種類別に置き場所を決めて、それぞれの容器を用意し、それを清潔に保つ

3 ゴミ出しの日を把握し、ゴミ出しのアクションを起こす
4 ゴミを集める
5 ゴミ袋を閉じる
6 ごみを捨てる

という六工程は最低あるわけです。

それを見せて「あなたは、この最終工程をお願いね」とチェックを入れると、ゴミ出しの大変さ、自分のタスクの位置づけがわかり、「せめて、これだけはしっかりやってあげよう」と思ってくれたりします。

〝イヤな気持ち〟を顔にすぐ出さない

また、直感力の強い女性が気をつけたいのが、「イヤ」だと思ったことを顔に出さないこと。

仕事上ならたとえば、金曜日の夕方五時になって、男性上司から、少なく見積もっても四時間はかかるような仕事を、

「月曜日の朝十時までに仕上げておいて」

と言われるようなケースですね。

そんなとき、

「なかなか会えない彼と、久々のデートなのに」

「明日、朝早くから遠出するつもりだったのにひどい」

という気持ちが、すぐに顔に出てしまうのが、女性の弱点。


でも、仕事のシーンでそれを出したら負け！

そこで、顔色を変えずに、この仕事に土日に出勤して片づけるくらいの価値が、どのくらいあるのかを確認してみましょう。

「緊急案件ですか？」（ただし、やわらかな表情で）

などとたずね、そこまでじゃないようなら、

「月曜日、早出をして正午までに仕上げますが、いかがでしょうか」

と「被害者顔」をせず、さらりと代案を伝えましょう。

要は「伝え方」。

男性脳を理解し、ちょっとしたテクニックを覚えておくだけで、心地よく仕事をすることができますよ。

できる女が言わない「四つのNGワード」

ステキな恋もして、仕事でも認められて……そんな充実人生を送るために大切なこと。

まず、何はさておき**「姿勢」**です！

背筋が伸びていない日本女性はとても多いので、それができるだけでも目立つことができます。

あごを無防備に前につき出さず、頭蓋骨を鎖骨のライン上に載せてください。それだけで背筋が自然に伸びます。背筋の上に頭蓋骨を載せて、背筋をぴんと伸ばそうとすると、反り腰になって、変な緊張感が生じ、エレガントではありません。

空間認識に長《た》けている男性脳は、意外と姿勢をしっかり見ています。いつもすっと背筋を伸ばしてオフィスを歩いていれば、偉い人の目に入りますよ。

とても大切なことだから必ず覚えておきましょう。

男性脳が喜ぶ話し方

それから、**「論理的に話す」**ということが大切。

男性が「論理的」と思ってくれる話し方をするには、

「まず結論から言う」

「最初にポイントの数を言う」（「理由は三つあります」のように）

「イチ押しだけの提案はせずに、複数提案をする」

この三つが大切です。

この三つは、「男性脳から見て、頭がよく見える」というポイントです。活躍している女性は案外、男性脳型なので、相手が女性であってもバリバリはたらく人と話すときは心がけるといいですね。

優秀な女性脳は直感力がはたらくので、「これしかないイチ押し提案」が正しくしっかり降りてきます。

このため、どうでもいい見せ提案をつけなくてはならない「フェアな複数提案」はきっと虚しい気がするはず。けれど、繰り返しになりますが、会社にいる間の男性脳は直感力がはたらきにくく、方向性の違う複数提案を吟味することによって「正しい選択をしたと思いたい」のです。

したがって、脳裏には「イチ押し」が浮かんでも、複数提案にして男性を安心させた後で、

「ちなみに、私がぴんときたイチ押しはこれです」

とクールにアシストするのです。これだけで、センスのあるプロフェッショナルに見られます。

「でも、だって、どうせ、ダメ」の4ワードは禁止

職場で絶対に言ってはいけない言葉があります。

それは、「でも」「だって」「どうせ」「ダメ」のD音（ダヂヅデド）、四ワード。

このDの音は停滞の音なので、たとえばテンパッている人の気持ちを落ち着けたいときは、いいんです。

「どうしたの？」とか「大丈夫？」などですね。

けれども、「でも」「だって」「どうせ」「ダメ」のような言葉は、職場で私的な気持ちを話しているように聞こえます。

この四つは、「自分を守るため」の言葉だから、客観性がありません。

だから、会社や仕事のことより、自分のことを考えて行動しているように見えてしまうんです。

✦ 無理して引き受けるより「逆提案」をする

私はエンジニアだったのですが、たとえば、

「来週の火曜日までに、このテストを終えてください」

と、絶対無理なことを言われたりすることがありました。

うっかりしていると、「ダメです」「できませんよ」「だって」と言ってしまうんですが、それでは完全にプロには見えないですよね。

そういうときは、

「来週の火曜日でしたら、八五％までのテストが可能です。すべて完成するには水曜日までいただきたいと思いますが、火曜日までにどうしてもということであれば、当面不必要な一五％を除外してやりますが、いかがでしょうか？」

という具合に、「提案」に変えて言うことです。

無理して引き受けてストレスをためる人より、きちんと提案できる人のほうが出世しやすいのではないでしょうか。D音の言葉は言わないと決める。そうすると前向きな言葉しか言わなくなりますから。

そのときに一番大切なのは、あくまでも「相手のために考える」という立場を貫くこと。無理をして質が下がれば、仲間やクライアントに迷惑がかかる。無理する自分が可哀想だから抵抗するのではなく、仲間や顧客を守るために出てきた言葉であることが必要なのです。

仕事で認められる女性になるためには、自分のことの前に、組織やクライアントを守りきる気持ちになれることが不可欠だと思います。

「叱られて、落ち込む帰り道」なんて、一人前の女性にはあり得ません。「仲間やクライアントを守りきれなくて指摘され、明日からどうしたらいいか検討する帰り道」はあっても。

頭がいいとか、資格をとったとか、英語が話せるとか、そんなところに敬愛が寄せられるわけではないのです。

職場では自己愛を捨てて、誰かを守る自尊心の人になりましょう。

自己愛型の女性がついつい言ってしまいがちな、「でも」「だって」「どうせ」「ダメ」の四つの言葉。まずは自分の中から消してみてはいかがでしょうか？

「ストレス知らずの女」になる

仕事も軌道に乗ってきて、ある程度の自信も出てきた。でも、その分、責任が重くのしかかったり、イヤな上司にイライラしたり、要領のいい同僚に嫉妬もしたりして、ストレスもたまってくる。

そんなときこそ、「無邪気な脳」を取り戻そう、というサイン。

無邪気とは、「好奇心」と「素直さ」。

損得勘定なしに、他人の気持ちを自分の気持ちのように思えることです。

そんなふうに生きているとき、私たちの脳は、右脳と左脳の連携がよくなり、まなざしが深くなる。

そして、相手にもそれが伝わり、会う人すべてを夢中にさせ、どんな「話術」や

「戦略」よりも、強い力を持ちます。

お仕着せの「女性ならでは」を脱ぎ捨てる

今、「本当の無邪気さ」を押し殺して生きている女性が多いように感じます。

現代のように、女性の活躍が期待されている社会では、「女性ならでは」の発想や振る舞いが、ことさら喜ばれる傾向にあります。

つまり、自分はあまり好きでもないし、いいとも思わないのに「ふわふわピンク」を使わざるを得なくなったり、「女性に優しいサービス」を提案しなければならなかったりしています。

これは、たとえば自動車の新モデルに「化粧直しミラー」なんかをつけたりしたときに、男性たちが、「やっぱり女性目線じゃないとダメだよな」などと感心したりして、「女性活用」の初期モデルができあがってしまったからです。

そのため、男性たちが期待する「女性ならでは」に応えざるを得ない立場に追い詰められている若い女性たちを、私は何百人も見てきました。彼女たちは、決して幸せそうには見えません。

でも、よかれと思って、好意で期待していることなので、男性側には罪の意識はいっさいありません。女性の側が、バカバカしい「女性ならでは」を脱ぎ捨てなければならないのに、若い女性のなかには、その気づきもない人がいます。

「いい子ちゃん」を卒業する

それは、母親の期待に応えようとするクセがついているから。大人になっても、社会の期待通り「いい子ちゃん」になろうとしすぎていて、それが無邪気さの邪魔をしているのです。

そして、自分の本当の気持ちさえもわからなくなり、それが、ストレスとして蓄積されている。

危険なのは、**ストレスがたまると、脳の使い慣れている回路だけを漫然と使うよう**

になるので、思い込みが激しくなったり、過去の呪縛《じゅばく》にとらわれやすくなったりすること。

すると、「自分が知っている、以前起きた事象」でしか物事を判断できないので、新しい視野で考えが浮かばなくなります。

頭がよくて美人、そして器用な人ほど、このループから抜け出せないのですが、まずは自分の中にある「不快」「イヤ」という違和感を自覚しましょう。

「それ、違うと思います」とハッキリ言えることが無邪気さなのです。

ココ・シャネルの「自尊心」に学ぶ

それから、自尊心を強く持つのも大切なこと。

自尊心を強く持つというのは、周りにどう言われようと、どう思われようと自分の信念を守ることです。

かつて世界中でミニスカートがブームになり始めた頃、ココ・シャネルは頑《がん》と、

「大人の女性は膝を見せないのがエレガント」

と、膝下丈のスカートを提唱してきました。

一九五九年、テレビのインタビューで彼女はこう答えています。

「膝？　あんなものを見せるなんて、気がしれない。大人の膝は汚いわ。誰もが十九歳でいられるわけじゃない。

けれど、本当のエレガンスは四十歳を過ぎてからわかるもの。私は、本当のエレガンスがわかる大人の女性のために闘い、守るの」


時代遅れと言われようと、シャネルは生涯、膝下丈を守り抜き、「ノーカラージャケット＆膝下丈タイトスカート」のシャネルスーツは、その後、世界中でブームになりました。一九六三年、ダラスでケネディ大統領が暗殺されたとき、夫人のジャクリーヌさんが着ていたのも膝下丈のシャネルスーツでした。

シャネルのゆるがぬ自尊心の底には、「これは不快、許せない」という明確なセンスがありました。自尊心を強く持つには、「自分が不快に思うこと」がきちんと見えていなければなりません。

「いい子ちゃん症候群」を抜け出し、「自分にしかできない仕事」を確立するには、まずは「これは不快」を自覚すること。そこから始めてみてください。

人を思い通りに動かそうとしない、人に思い通りに動かされない

最後に、「相手が自分の言うことを聞いてくれない」という多くの女性が感じるストレスについてアドバイスを。

あるセミナーで、上司との関係に悩む女性がいました。

「私は経理部に書類を持って行く担当なのですが、十七日に提出しなければいけない書類を、部長は十九日にしか持ってこない。私のことを軽んじています。こんな会社、辞めたいと思っています」

それは、部長が経理部の本当の締切りが二十一日だと知っていて、だから、期限よりも遅く提出するのかもしれません。そして、彼女の〝事前のアラーム〟については、彼はありがたがっているはずなのです。

一人で勝手に悩んで、悪い想像をめぐらせて、「自分は、ないがしろにされている」と思い込むのは女性脳の悪いクセ。

本当は、部長から「経理のデッドラインは二十一日なんだよ。だから、つい……。でも、いつも事前に知らせてくれてありがとう」と言うべきですが、忙しい上司に感謝の言葉や説明を期待してもムダ。

彼女は彼女の役割をきちんと果たしているのだから、それでいいのです。

余計なストレスをためないためには、人が思い通りに動かないことを「私を軽んじているから」なんて解釈しないこと。相手が男性や年上の場合、思いもよらない理由があって、そうなっていることも多々あるのですから。

できる女性は「語感の使い方」の達人

私たちが普段、何気なく使っている言葉。挨拶や謝り方など、発音の語感によって相手の感情は大きく左右されています。

つまり、人を心地よくさせるのも、イラつかせるのも、言葉の使い方次第。

私は「語感分析」のプロとして、新商品のネーミングなどのコンサルタントをしていますが、語感を意識した話し方をすることで、これまでとひと味もふた味も違う仕事ができるかもしれません。

日本語において「語感」を使う場合、まずは音読み、訓読みの二つに分けられます。

母音がしっかりと使われる「やまと言葉」由来の訓読みを発するときは、情の回路が刺激されます。

一方、息をこする子音を多く使う「漢語」由来の音読みは、理性の回路を刺激します。

「嬉しかった」と「感謝します」……〝心の距離〟が近いのは？

たとえば、会食や仕事でご一緒した人に、お別れの挨拶をする場合、

「今日は、ご一緒できて嬉しかったです」

と、「やまと言葉」を使うと、優しいイメージになります。しかし、

「ご一緒できて光栄でした。感謝しています。失礼します」

と漢語由来の言葉で言うと、敬意は伝わるけれど、距離ができる感じがします。


「やまと言葉」は、とても柔らかく優しいイメージを与えるのですが、その反面、見た目も声も優しい女性が多く使いすぎると、ベタベタな印象になるので注意も必要。

一方、男性中心のプロジェクトを率いる女性上司なら、「がんばろうね」より「期待してるよ」と言ったほうが、断然、凛々しくてカッコいい。

つまり、激励するときや甘えてほしくないときは「漢語」で、仕事が終わったときなど、ねぎらうときは「やまと言葉」で、という使い分けがベストです。

ちなみに、「お疲れさま」「おはよう」などの挨拶は、基本的に「やまと言葉」です。

これらは、場の一体感をつくり出す大事な呪文。夫婦や親子でも、ちゃんと言い合ったほうがいいですよ。

「失礼しました」は失礼にあたる

それから、仕事場であやまる場合、「失礼しました」は使わないほうがいいでしょう（応接室や社長室に入るときの「失礼します」は、大丈夫）。

あやまるときの「失礼」というのは、相手との距離を広げてしまい、こちらの謝罪の気持ちが届きません。

上あごを強くこすって表面温度を下げる「し」と「つ」、発音するときに舌の裏を冷たくする「れ」、と、冷たい子音が続いているのです。しかも、強くこする「し」「つ」には、相手を排除するイメージも。犬猫だって追い払える音ですものね。

ですから、あやまらなければならないときは、「すみません」か「申し訳ありません」を使いましょう。

ただし、スピードが必要なときに「申し訳ございません」だと、もたもたしている感じで、相手をイライラさせます。

会議で、「資料の部数が足りない、すぐにコピーしてきて」と言われたら、「すみません」と走り出してください。

人にイライラされる人は、もたつく言葉であやまったり、しっかりあやまるべきときに軽い言葉を使ったりと、ズレていることが多いようです。

日本語はいろいろな音韻《おんいん》が用意されているので、そこを間違うと、周りと温度差が出てきます。

三十二歳を過ぎたら「すべての男の母になれ」

といっても、とっさの会話で、いちいち語感を意識して話すのは無理ですよね。そこで、「口から出る言葉を、上質な大人の女のそれに自然に変えてしまう」コツをお教えしましょう。

それは、

「三十二歳を過ぎたら、すべての男の母になれ」

ということ。

男は「娘」と「母」に弱いのです。三十二歳までは、上司にも娘のような口を利いてもいいし、それが功を奏することもある。しかし、三十二歳を過ぎたら、一気に母のような口を利くほうが、圧倒的に効果的です。

たとえば、部長が何か理不尽なことを言ってきたときに、

「え～、ひどい！　どうして、そんなこと言うんですか？」

と返してよいのは、娘役だけ。

このとき、上質な大人の女であれば、部長の母になったつもりで、

「どうしたんですか？　そんなこと言うなんて、何があったんですか？　部長」

と言ってください。

実際、エグゼクティブになっている女性は、みなさん一様に「母」になっています。「おっかさん」と言われるような人こそ、女性でトップに上り詰めているのです。

トラブルが起きたときに、自分の息子が起こしたトラブルだと思えば、なじったり、せめたり、被害者になったりする暇なんてありません。

たとえ被害者が自分だとしても、加害者の母親の気持ちにならないといけません（戦略としてでも）。

「部長がそんなことを言うなんて、よっぽど何かがあったんでしょうか」

という気持ちでいてあげる。

潔く母になる。これが一番強いのです。

「この人にも母がいる。その人は、今のこの人を見て、どんなふうに思うのかしら」

と発想すると、誰かがもたついていても、イラつきませんよ（微笑）。

つまり、「この言葉を言いなさい」ということではなく、「母になったような気持ちで出てくる言葉」がベストなのです。

産む？　産まない？
女の人生の正しい選択とは

二十代後半から三十代は、女性なら誰もが「今後の人生」の選択について考えるときかもしれません。

仕事も軌道に乗ってきて、決定権も与えられるようになった。これから先、もっとがんばれば、役職もつくかもしれない。

でも、女に生まれたからには、子どもも欲しい……。とはいえ、仕事をストップして、また元の職場で同じようにはたらけるのか、それとも夢をあきらめなければいけないのか……。

そんな、悩めるあなた。直感に従ってください。きっときっと、大丈夫。私も、人工知能の研究者として男性社会ではたらきながら、息子を一人育てました。

女の人生、すべてを手に入れることも可能なのです。

むしろ、子どもが、あなたの新たな人生を切り開いてくれるはず。


寿退社（なんて言葉、もう消えたかしら）をする女性もいない男性社会の中ではたらいていた当時の私にとって、

「仕事をしながら、結婚と出産を経験すること」

それは、

「仕事をしながら、ご飯を食べて寝ること」

と同じくらい、自然なことでした。


惚れた男がいて、別々に帰りたくないから一緒に暮らすようになった。

彼と二人で、仕事とスキューバダイビングに夢中な五年間を過ごし、ある日ふと、海風に吹かれながら、ここに小さな仲間がいたらステキだなと思って、子どもを産む決心をしました。

子どもは、きっと未来を連れてやってくる

その頃、同期はちょうど課長昇進試験の準備に入っていました。

傍《はた》から見れば、課長昇進と出産との天秤《てんびん》だったわけですが、私にしてみれば、子どもを持つことへの好奇心に比べたら、課長昇進なんて些細なことでした。

そんなの後からだってかまわないし、子どもが、もっと別の素晴らしい人生をもたらしてくれるような予感がしていました。

そして、その通りでしたよ。

子どもの言葉の発達が、私に研究のインスピレーションをくれて、それを論文に書いたことで、審査委員長だった評論家、哲学者の鶴見俊輔《つるみしゅんすけ》氏の目に留まり、本を出すに至ったのです。

子どもを持ち、仕事でも成功されたどの方を見ていても、子どもが新事業を興すきっかけになったり、出世のきっかけになったりしています。

子どもは、きっと、未来を連れてやってくる。あれこれ考えないで、産めばいい。子どもは、パワースポットに何万回も行ったくらいの力をくれます。

仕事の行く先を気にして、産むかどうか迷っている方には、「私を信じて産んでみて」と伝えたい。

頼りにして甘えて、自分の相談役にする

私は、早くから、会社で困ったことや、新商品開発の話なんかを息子に話して、息子の意見やアイデアをもらっていました。

たとえ、三歳の子どもでも、びっくりするような慧眼《けいがん》を見せてくれたりします。

「ママのスタッフ、ママの言うことがわからないみたい」

とか言うと、

「おいらも、ママの話、ちょっとナゾのときがある」

「え？　どんなとき？」

なんて話が進み、意外なアドバイスをもらうことも。

商品のアイデアなんて、奇想天外でステキ。彼が小学校一年のときは、自動車部品会社のクライアントを持っていた私に、

「電気がなくても永久に回るファンを発明したから、特許取っといて」

と、理解不能な図面を渡してくれたりしました。

ときには、実際に役に立つアイデアもたくさんもらいましたよ。連載エッセイのネタに詰まると、本当、いろいろ考えてくれたなぁ～。

そんなわけで、彼は自分のことを「母親の相談役」だと思っているから、相談を持ちかける態《てい》で話をすると、ことはスムーズ。

「ママさぁ、明日、朝一番の飛行機に乗らなきゃいけないんだけど、眠れそうにないんだよね。困ったな」

とか言うと、

「一緒に寝てあげるから、早く早く」
と布団の中に入ってくれる（微笑）。

そのまま、彼は優しくてステキな二十二歳になり、今や、かけがえのない正真正銘の相談役。料理はプロ並み、機械いじりはバイクを組み立てるくらいは朝飯前だし、言葉のセンスも、経営センスも、遥かに私を凌駕《りょうが》しているし。

頼りにしたほうが、ことがスムーズだから、わざとらしく頼りにしてきたけれど、結果は予想以上。世界中、どこに行っても、食べていける男になりましたね。

産まずに成熟していく女性脳

さて、子育て礼賛をしましたが、一方でどうしても伝えたいことがあります。それは、人類には**「産まずに成熟していく女性脳」**が不可欠だということです。

人類の脳は、正確には三種類あります。男性脳と、産んだ女性脳と、産まない女性脳。

産んだ女性脳は、ホルモンバランスと位相が変わり、脳は別物になります。端的に言えば、愛する者に対して鋭敏に、その他には、かなり鈍感に。直感力や感応力は鋭くなりますが、公平性に欠けます。

産まないで成熟していく女性脳の公平な俯瞰《ふかん》力、精緻《せいち》な判断力と、自身の子どもに使わないために惜しみなく社会に降り注ぐ母性愛。これがないと、多くの組織が動きません。

昔から、巫女《みこ》やシスターなど、どの社会も「産まない女性」をキープするしくみを持っていました。

ですから、縁がなくて子どもを持てなかったとしても、それもまた「あり」。

あなたは社会の大事な宝なのです。

運よく子どもを持てた人も、そうでない人も、専業主婦も、はたらくお母さんも、誰もが誰かに引け目を持つことはないのです。

脳は、どんな脳であっても、大事な存在として、この世に機能しています。「完璧にできないこと」にこそ、脳の個性があり、存在意義があります。

女性たちが、互いに敬愛を持って尊重し合い、素直に助け合えればいいな、と心から思います。

5章

自分を変えていける女、変えられない女

……「人生のスイッチ」の鮮やかな切り替え方

「いい女」は脳と心と体のメンテナンスがうまい

やるべきことが山積み状態、いつも何かに追われていて、心休まることがない。

仕事の責任が増えているのに、体力的には下り坂で、やる気が出ない。

同僚とのキャリアを比べるだけでなく、仕事ができて上司とうまくコミュニケーションをとっている後輩にまで嫉妬してしまう。

転職も考えるけれど、この時代、今の会社よりも給料のいいところに行ける確証もない。

こんなことを鬱々《うつうつ》と考えている、お疲れぎみの方、意外と多いのではないでしょうか？

「やる気が出なくてユウウツ！」をレスキューする方法

「やる気が出なくてユウウツ」というとき、原因は二つあります。

一つは、自分の脳の神経伝達状態が、ユウウツになりがちな状態に陥っているということ。もう一つは、外部環境です。

通常、人は外部環境のせい（仕事のせい、家族のせい）にしがちですが、多くの場合、この二つの要因が絡み合っているのです。

きっかけは外部環境であっても、そのストレスが引き金となって自分の脳が「やる気が出なくてユウウツ」状態に陥り、周りとの関係をさらに悪化させているケースがあります。

また、甘いものの食べ過ぎで脳が不安定になり、「やる気が出なくてユウウツ」状態に陥り、仕事の評価が下がってしまうケースもあります。

残念なのは、多くの場合、本人は自分の「脳の変化」に気づかず、周りへの不満でがんじがらめになってしまうこと。いずれの場合も、まずは自分の脳を、そんな情況から救ってあげること。

「てっとり早く炭水化物」の食生活がイライラ脳をつくる

「疲れやすく、他人が気になる」という方のほとんどは、ビタミンとミネラル不足。ビタミンB群やカルシウム、ナトリウム（塩）が不足すると、脳神経回路の伝達がうまく制御できなくなります。

そして、「疲れやすい」「他人の言ったこと（評価）が必要以上に気になる」といった傾向を脳にもたらします。

以下の項目に心当たりはありますか？

◇忙しいので、てっとり早い炭水化物（パン、ごはん、うどん）でお腹を満たしてい

る
◇胃も疲れているみたいで、肉や野菜をしっかり食べられない
◇イライラや落ち込みをなんとかするために、甘いものをつい食べてしまう
◇健康のために減塩している
◇ダイエットのために、コレステロールを含む食品をとらないようにしている
◇ダイエットのために、乳製品は、できるだけ豆乳で代替している

実は、こうした食生活では、脳や神経系が欲しがっているビタミン**B群**、**鉄分**、**カルシウム**、それらを脳に運んでくれる**アミノ酸**、**ナトリウム**が圧倒的に不足しています。

脳は疲れやすく、イライラしやすく、ほんのちょっとのことで落ち込みます。

疲れやイライラはどうしても表情や態度に出るので、周囲にかすかな不安や不快感を与え、ちょっとした言葉をかけてもらえなくなったり、ランチに誘ってもらえなくなったり、会議で発言をスルーされたり、という事態をつくり出します。

「デキる同僚」に嫉妬してしまうときというのは、意外にも、仕事で明確に「負けた」ときではないはず。彼女や彼が、上司にかわいがられ、後輩にも慕われているように見える、つまり周囲に大切にされているのを見たりしたときなのでは？

となると、その嫉妬も、そもそも、自分の脳が「疲れやすく、イライラしている」せいで、周囲が遠巻きにしているだけかも。

「タンパク質をしっかり」で上機嫌な女になる

というわけで、そこから脱するための食事術。

なんといっても、「炭水化物」中心の食生活から、「タンパク質」中心の食生活に変えていきましょう。

とくに、空腹時に「ほぼ炭水化物だけの食事」（トーストだけ、おにぎりだけ、うどんだけ）や、甘いものを食べることは禁止。

これは血糖値を急上昇させる行為です。血糖は脳のエネルギーなので、一瞬だけ脳は元気になりますが、ほどなく体が血糖値を下げようとインスリンを大量に分泌し、今度は血糖値が急激に下がります。すると脳のエネルギーが不足するため、だるさややる気の減退、イライラを引き起こすのです。

しかも、低血糖に陥ると、脳は甘いものを要求してきます。

つまり、疲れたら甘いもの↓三十分は元気↓その後、だるくなって、やがてキレそうになる↓甘いものが食べたい！↓疲れたら甘いもの……という「甘いものループ」にはまってしまうのです。

しかも、体は血糖値を下げるときに、中性脂肪が増えているんですよ。

つまり、「朝は炭水化物だけ ＆ 日中ちょこちょこスイーツ」という生活は、十年で十キロ増、なんていう「経年肥満」をつくり出します。

というわけで、今日から積極的に「タンパク質」を食べましょう。朝ごはんの主役は、卵、大豆製品、乳製品、肉や魚などに。野菜と果物も外せません。

もちろん、パンやごはんも添えてＯＫですよ。

炭水化物は抜かなくてもいいのです。ただし、「いきなり、それだけ」は避けるこ

と。そして、白米よりも雑穀米、白いパンより全粒粉のパン、うどんより蕎麦《そば》やパス

タ（デュラムセモリナ粉）を選ぶだけで、より血糖値を急上昇させない効果がありま

す。

「甘いもの」は午後四時まで！

疲れが抜けるまでは、スイーツはいったん断っていただきたいのですが、どうして
もというのなら、夕方四時までに。そして、空腹時を避けて。

なお、卵と乳製品が使われているスイーツ（プリン、シュークリーム、アイスク
リーム）は、糖質と一緒に動物性タンパク質がとれるので、栄養学上、やや罪が軽い
のです。

最も避けたいのは、炭酸飲料やジュースなどの糖質系の飲み物。目の前で絞ったフ
ルーツジュース以外は、ビタミン摂取も期待できません。

以上を守りつつ、卵や肉類をしっかり食べて一週間も過ごせば、「疲れて、ユウウ

ツ」が薄れていることに気づくはず。どうか試してみてくださいね。

なお、栄養ドリンクは、ビタミンやアミノ酸がとれて便利なようですが、糖質やカフェインでカラ元気を誘発するタイプのそれは、気をつけてくださいね。

たとえて言えば、少ない燃料を盛大に燃やす感じなので、直後はよくても長い目で見れば、細胞が疲弊します。

女性の賞味期限は意外に長い。自分の脳と体は大切にしましょうね。

「叩かれる」のは才能がある証拠

さて、前項までのアドバイスで疲れやイライラが抜ければ、周囲に与える微妙な不快感がなくなるので、周囲が優しくなります。

これだけで「自分より、周囲の誰かのほうが大切にされている」と感じることが少なくなるので、軽い嫉妬なら抜けちゃうはず。

それでも、なぜか周りの人たちへの嫉妬が残る人へ。

まず「周囲に認められないと存在意義がない」というのは、あなたの幻想ですよ。人間の感性は、一つじゃない。だから、周囲のすべてに認められるのは、不可能なのです。

とくに、人にない着眼点や発想力のある人は、活躍を賞賛する人がいる一方で、

「あの人だけは我慢ならない」と思う人を一定数抱えています。

以前、ラジオで小堺一機《こさかいかずき》さんとご一緒したとき、師匠である萩本欽一《はぎもときんいち》さんが、「芸人は、世間に叩かれなければ、本気で好かれていることにならない」と言ってくれたと話してくれました。

マドンナは、スキャンダルが続いたとき、「無関心より、ずっとましよ」と笑って応えたそう。

程度の差はあれ、一般人も同じです。

叩かれる以上、才能があるのだな、と思えばいい。

一方で、人間の感性は、千差万別というほど多様でもありません。私の研究所で感性の分類をするときも、最大十六種類くらいの分析軸しか使いません。

つまり、「あなた自身が一生懸命に生きて手にしたノウハウや、あなた自身が絶対にいいと思って提案したこと」に共感してくれる相手は、必ずいる（しかも、けっこう少なからずいる）ということです。

単なる「便利屋さん」で終わらない

脳の構造からいって、一人勝ちの人はいません。美人で気立てがよくて、学歴も高くて仕事ができても、単なる「便利屋さん」になっている人はたくさんいます。

一方で、若き日に一般受けしなかった個性的な人ほど、「その人じゃなければダメ」なことを持っていて、生き残っていたり。

というわけで、一般的な価値観にこだわったり、誰かと比べたりして、自分にマイナス点をつけるなんてナンセンス。

まずは、自分を一生懸命に生きて、自分の持ち味を上手に周囲に知らせてください。

それでも、今の職場、環境に希望を感じられなかったら、「転職もあり」ですが、せっかくですから、今の職場で抱えている問題点を、大胆に解消してみたらどうでしょう？

その成果を、次のステップアップにつなげるのです。

自分を大胆に変えていける人、不満を抱えながら変わらない人

たとえば、男尊女卑の観念が潜在する職場で悩み、転職を考えている女性にアドバイスしたことがあります。

「転職する前に、その事例を整理して、解決策をはかってみたら？　たとえば、不満を表明する、冗談で返す、あえて言うことを聞かない……とかね。実験、実験。その実験データを持って、次の職場へ行けばいいのよ。男女間コミュニケーションに長けた人として、重宝されるかも」

結局、彼女は元の職場で、ダイバーシティ（多様性を促進し活用すること）推進部署の担当者になり、出世してしまいました。

環境を変えても、考え方が変わらなければ、結局、自分を活かしきれず、「上司は私をわかってくれない、あの人ばかりがいい思いをする」という事態に陥る可能性は高いと思います。

どうせやめる会社なら、自分を大胆に変えてみればいい。そうして、鮮やかに人生のスイッチを切り替えてください。

人生は一度しかないんですもの。誰かの価値観に自分を合わせて生きるのはもったいない。

そして、自分の「存在価値」を周囲に伝えられないのも、もったいないことです。

「自分はこうしたい！」を大切にする

心から納得したときの「腹に落ちる」感覚。

その瞬間、ストレスがフワッと消えて、とっても気持ちがいいですよね。

これって、脳にも体にも、とてもいい状況にあるのです。

私たちの脳は、「そうか、なるほど」と腹に落ちたとき、「つかみ」や「直感」に関わる「小脳」という場所が活性化します（つかみがよくなければ、腹に落とせないですからね）。

小脳がポジティブに何かをつかんで活性化すると、免疫を司る小腸が刺激されると言われています。これがまさに「腹に落ちる」の正体なのです。

〝腹に落ちないこと〟で無理をすると疲れる

脳は、物事を認知してジャッジする器官。そして、小腸の内壁は「自らものを考えている」とも言われています。物事が明確になり、腹に落ちれば、その機能を全うした気持ちよさがあるはずです。

逆に言えば、「腹に落ちないこと」を無理やりにやらされることほど、辛いことはありませんよね。

腹に落ちれば、免疫力が上がるわけですから、風邪も引きにくくなります。また、多少無理をしても、疲れを感じにくく、健康でがんばれることになります。

反対に、腹に落ちないことで無理をさせられたら、疲労感が抜けず、メンタルダウンにつながることも。

仕事のみならず、腹に落とすことは、命としての強さを維持していくためにも大切なことです。

ただ、最近は他人の目を気にして、「いい子ちゃん」でいたいがために、腹に落ちないことでもがんばっている女性が多いのが気になりますね。

そうすると、どんどんストレスがたまっていき、脳にも腸にもよくない。

自分が「これだ！」とつかんだことを大切にしてほしいと思います。

趣味を楽しむ女は「つかみ」がいい

「腹に落ちる」ことの決め手になる、「つかみをよくする」ために必要なのが、小脳を活性化させること。そのためには、脳の「イメージの領域」と「身体制御の領域」を連帯して使う趣味を楽しむことがおすすめです。


たとえば、「次はどんなふうに体を動かそう」とイメージしながら体を動かすワルツやフラメンコなどのダンス。

また、背筋をまっすぐにして小脳と小腸のラインをつくる茶道や書道、華道、武道もいいですね。

さらに、「こうつくりたい」と思ってつくり、結果が出てイメージとの差を反省したりできるお料理や、楽器演奏や歌うこと、手芸やアートなどもいいですね。

ポイントは、単に座学で勉強をするのではなく、体を使うこと。イメージを出力すること。

小脳が元気になるだけでなく、身体に覚え込ませた経験が「腹に落ちる」感覚をつかみやすくしてくれます。

「自分がここにいる」「自分がこう育ちたい」ということも腹に落ちれば、自分探しの必要性もなくなります。

つまり、人が生きていくためには、「腹に落ちる」ことがとても重要で、その感覚をつかめるようになれば、日々のイライラも不安感も大幅に減るはずです。

「ピュアな気持ち」が〝いいこと〟を引き寄せる

仕事でも友人関係でも、日常生活を送っているだけで「イヤなこと」ってたくさんありますよね。

でも、そこでどんどんネガティブな方向に考えたり、悪口やグチを言ったりするのは待って。

なぜ、人の悪口やマイナスなことを言ってはいけないのでしょうか。

それは、自分にはね返ってくるから。他人の悪口を言う人は、他人にそれを言われることにおびえて生きることになるからです。

他人の発した言葉は大脳で聞きますが、自分が発した言葉は直感を司る小脳に響き、記憶に長く居座るのです。

「あの人、あんなこと言っているわ。イヤよね」

「あの人、いつも、ああなのよね」

などと噂話をしていると、「自分もいつか同じように言われる」と思うから、無邪気になれないのです。

「いつか私も笑われる」「陰口を叩かれるかも」と、長く疑心暗鬼の種につながり、前に出られなくなってしまうのです。

人を信じられる「無邪気さ」は無敵

とくに、育児中の女性、将来、子どもを産むつもりの女性は、自分の子どもに、人の悪口を言わないでほしい。近所のおばさんや先生の悪口を母親がしょっちゅう言っていると、人を信じられない大人になってしまいます。

昔、息子が先生にキツいことを言われたときに、私は、

「それは、先生があなたに男として期待しているのね」

と言いました。

それは先生のためではなく、子どもが将来、社会に出たときに、人を信じられるようにと考えて言ったことなのです。

信じたあげく、痛い思いをしてもいいのです。

「信じる」という無邪気さのほうが無敵だから。

とはいえ、イヤなことだってありますよね。そうしたら、「イヤだな」は一回だけ言ってもいい。

「かもしれない」とか「こう思っているに違いない」などの推測はダメ。

そして、まれにグチを言うときも、一緒に噂話に興じる相手ではなく、「あなた、他は潔いのに、その件だけはダメよね、しっかりしなさいよ」と鼻で笑ってくれる、クールビューティな女友達に吐き出すのが理想です。

間違っても、悪口やネガティブな想像を増幅させる女友達と仲良くするのは避けましょう。

「心のクセ」をポジティブに変えるコツ

それから、言葉はもちろんですが、ネガティブな考えをめぐらすのもやめましょう。同じ思考をすると、その回路に電気信号が流れやすくなり、ネガティブのクセがつきます。

そうすると、人のマイナス点ばかり目につくし、何気なく入ったお店でネガティブな出来事にあいやすくなったりします。

「いい男がいない」といつも思っていたら、本当にいい男は周りに来ません。

また、ミスをしたら、ずっとそのことばかり考えているのはダメ。それを思い出した瞬間に、失敗した回路に電気信号が上書きされ、流せば流すほどその回路が太くなり、そのミスにとらわれてしまいます。

たとえばゴルフで「このあいだ、こう打って失敗したから、ああ打とう」なんて反省から入る人。失敗を思い返したら、脳の失敗回路に信号が流れ、同じ失敗をしやすくなってしまうのです。

反省は「いいこと」のようだけれど、脳には意外とやっかい。

失敗したことの分析は一回だけにして、あとは成功イメージだけを思うのがポイントです。

最初は、ポジティブに考えることが難しいかもしれないけれど、これもエクササイズ。嘘でもいいからそういう思考にすると、心にクセがつくから大丈夫。

脳が悪い記憶を消すまでに要する時間は、四十九日。

一週間でも効果を感じられますが、最低でも四十九日は試してみてください。

すると、気持ちがピュアになるだけでなく、いい出会いがあったり、「いいこと」が起こるようになったりするはずです。

そして、女の脳は進化し続ける

私たちの脳神経回路には、天文学的な数の回路がありますが、そのすべてが常に活性化していると、いろいろなことの判断ができないしくみになっています。

たとえば、目の前を猫が横切ったとしたら、それを「猫」と認知する回路だけが立ち上がらないといけません。象と豚の回路も同時に立ち上がると、それが何かわからなくなってしまいますよね。

ヒトは、脳神経細胞数が人生最多の状態で生まれてきます。

ありとあらゆることを感知できるので、逆に、目の前のものが何かを、とっさに判断することができません。

そして、日々の暮らしを重ねることで、生まれてきた環境に必要のない細胞を捨て、残された細胞の関係性をつくることで、家族を認知したり、言葉を認知したりできるようになるのです。

こうして、脳は、経験によって知識を増やしながら、一方では、経験によって回路に優先順位をつけて絞り込むことで、とっさの判断を間違わない、より洗練された状態を手にしていきます。

二十八歳までの脳は「がむしゃらな入力装置」

その観点で人生を見ると、二十八歳までの脳は、知識を増やす「入力系」に偏っています。経験によって、さまざまな知識や方法論を手にするときなのです。

脳は、いわば「がむしゃらな入力装置」。

恋にも、勉強にも、遊びにも、がむしゃらになれるし、そこから、大事な「生きる知恵の基礎」（どうすればモテるのか、どうすれば儲かるのか……など）を手に入れていきます。

だから、二十八歳までは、がむしゃらに生きてくださいね。

好奇心を感じたこと、あるいは先輩に「こうしなさい」と言われたことに、「自分に合っているのかしら、何になるのかしら」なんて四の五の言わずに、飛び込んでください。

人生で最も傲慢《ごうまん》な三十歳の脳は「次の冒険」へ

そして、誰もが二十八歳を超えると、がむしゃらさを失っていきます。それは、脳が単純記憶力のピークを過ぎ、次の段階へ入ったから。

三十歳のお誕生日の頃には、ここまでの「入力」のおかげで、その人が生きる環境においての「世の中のしくみ」の裏も表も、上も下も、右も左もわかるようになっています。

そんなわけで、「世の中を見切った」ような気分になるのが、三十歳前後の脳の特徴。人生で最も傲慢なときかもしれません。

でも、その傲慢さも、次の「人生の冒険」へ飛び込んでいく大事な起爆剤。どうぞ、思う存分、傲慢になってくださいね。

三十代の〝つらい失敗〟が「エクセレントな脳」をつくる

三十代の十年間、脳は、人生で最も苦しい時期を迎えます。

世の中のすべてを見通せる脳になったのに、回路の優先順位がしっかりついていないので、迷うからです。

三十代の脳は、「誰になんと言われようと、それしかない、ずんと腹に落ちる、自分だけの選択」というのが、まだしにくいのです。

当然、評判や昇進など、他人の評価を気にします。そのため、いくつもの選択肢が浮かび、選ぶのに迷うし、選んだ後もまだ惑う。人に何か言われる度に、気分も乱高下します。

しかも、脳は、失敗事例を早めに経験した上で、「失敗に使われた回路」を整理してしまいたい。だから、苦しんだあげくの選択が間違っている可能性も高いのです。

なんて苦しい脳かしら。はるか昔に越えてきた道だけど、私は三十代の方々に常に深い同情があります。

でもね、三十代の脳の使命は、「苦しい選択」をして失敗し、脳の「失敗回路」を早く消すこと。

だから、思う存分、痛い思いをして泣いてください。

けれど、それは、脳の豊かな感性のための、大事なエクササイズ。

痛い思いをする度に、脳はエクセレントになっていきます。絶対です。

その際に、ぜひ気をつけてほしいことがあります。

痛い思いをしたとき、それを他人のせいにしたら、せっかくの「失敗回路」の消去がうまくいきません。

それじゃ、何のために泣いたのか、意味がない。

だから、辛い思いをしたときは、必ず自分の責任にしましょう。

たとえ、誰かに裏切られても、「ひどい」と恨まずに「裏切らせたことが悲しい」と思うくらいの覚悟で。

✦四十代の物忘れは「老化」ではなく「進化」

その苦しみも、四十歳になる頃には楽になります。失敗回路に信号が行きにくくなるからです。ムダな信号も起こりにくくなるので、物忘れが始まります。頭に浮かんだ女優さんの名前が出てこないのは、そんなことを思い出せなくても生きていけるから。

物忘れは、老化ではなく進化なのです。恐れないで大丈夫。

四十代は、物忘れが進むと共に、成功事例が増えていくとき。三十代よりは、ずっと生きやすくなりますが、まだ確信の強さでは五十代ほどの完成度ではありません。そのため、周囲への迫力がいまいち。四十代は、「自分は正しいのに、周囲の評価が足りない。みんな頭が悪いの？」と感じます。

つまり、**周りが愚かに見えたら、正しい四十代の脳**ということですね（微笑）。

けれど、わずかに迫力の足りない感じが繊細さに見え、年上好きの若い男性にとって魅力的な年代でもあるのです。

五十代で「深い確信に満ちた脳」が完成

三十代の混迷、四十代の物忘れを抜け、五十代半ばに脳は完成します。失敗回路に信号が行きにくくなり、**「自分だけの深い確信」**で生きられるようになります。

このため、ちゃんと自分の傷を自分でなめてきた人は、「人生の達人」として、あらゆる場所で見解を求められ、話を聞いてもらいたい人に囲まれます。

成功した多くの人が、

「自分が最も大切にされたと感じたのは五十代」

と言います。

逆に言えば、若い頃からちやほやされてしまって、傷ついたら人のせいにして、テキトーに生きてきた人には、〝老いの寂しさ〟だけがやってきます。

だって、二十代や三十代と同じ口を利く五十代なんて、うざいだけ、でしょう？しかも「でも、だって、どうせ、ダメ」の達人にでも、なっちゃった日には……。

五十代、エレガントでキュートなマダムになって、若い人に知恵をあげる自分を想像してみて。そのための今日の苦しみ。そう思えば、三十代の涙も、四十代の憤《いきどお》りも宝物。

どうか、上手に人生の波に乗ってくださいね。

おわりに……揺れる気持ち、切ない思いをスイーツのように楽しむために

この本は、安田光絵さんというライターさんと二人三脚でつくり上げたウェブサイトの連載記事「黒川伊保子が教える、幸せを呼ぶ脳のつかい方」がもとになっています。

安田さんは、二人の小さな坊やがいる、とってもキュートな三十代。彼女の「なぜ、男性はわかってくれないの？　どうして、こうなっちゃうの？　こんな気持ち、どうしたらいいの？」という質問に導かれて、この本はでき上がりました。

連載中、多くの方から声をかけられました。「自分の悩みに、どんぴしゃヒットするヘッドラインだったのでクリックしたら、伊保子さんの連載だった！」という、長年の友人も。

おそらく、安田さんの等身大の悩みや思いが、私のアドバイスをみずみずしく引き

出してくださったのでしょう。

その連載を、また新しい視点で三笠書房さんが編み直してくれました。

そんなわけで、私が一人で書いたエッセイとはまたちょっと違う、この本。皆さんの、日々の心のざらつきに、どんぴしゃのテーマが見つかったのでは？　そして腹に落ちる回答が届いたなら、私にとって至上の喜びです。


ヒトの脳と人工知能を交互に見つめながら、三十一年の月日が流れました。

理論が明快になるにつれ、私自身が感じるのは、悩んだり、立ち止まったり、傷ついたりするヒトの脳の、なんて愛おしいこと、という思いです。

脳科学上、ロマンスは、揺れる気持ちの傍《そば》にしか生まれません。恋も芸術も、切ない気持ちがなかったら生み出せない。気持ちが揺れなくなったら、人生なんてつまらない。

私は、私の大好きな人に、ちょっとざらついた気持ちにさせられたとき、その切なさをスイーツのように楽しみます。「これがなかったら、本も書けない。いいダンスも踊れない」と知っているから。

女として生きている限り、五十代半ばの十分すぎるほどの大人になっても、研究者として男女脳の達人になっても、心が血を流すことがあります。大切な人の気持ちが凍えているのを、どうしようもできない辛さ。その人の手が、私の手をとってくれないことの切なさ。

でもね、その切なさをほんの少し、客観的に楽しむコツを手に入れました。この本は、そのコツのおすそ分け。私と同じように心に血を滲《にじ》ませている、懸命に生きている女性たちへの。

というわけで、この本を読んでくださったあなたが、ほんの少しだけ、生きるのが楽になったら、本当に嬉しい。

ご自身の「女性脳」を楽しんで、大切な「男性脳」を癒し、周囲にとって、なくてはならない女《ひと》になってくださいね。

どうか、どうか、おしあわせに。

黒川伊保子

本書はウェブサイト「ウーマンエキサイト」に掲載された「黒川伊保子が教える、幸せを呼ぶ脳のつかい方」を、文庫収録にあたり加筆・改筆したものです。

ちょっとしたことで
大切《たいせつ》にされる女《ひと》 報《むく》われない女《ひと》

著者　黒川伊保子（くろかわ・いほこ）
発行者　押鐘太陽
発行所　株式会社三笠書房
〒102-0072 東京都千代田区飯田橋3-3-1
電話　03-5226-5734（営業部） 03-5226-5731（編集部）
http://www.mikasashobo.co.jp
印刷　誠宏印刷
製本　ナショナル製本

 ISBN978-4-8379-6744-6 C0130

王様文庫

王様文庫

9日間〝プラスのこと〟だけ考えると、人生が変わる

ウエイン・W・ダイアー【著】
山川　紘矢【訳】
山川亜希子【訳】

「心の師（スピリチュアル・マスター）」ダイアー博士の、大ベストセラー！　必要なのは、たった「9日間」――この本にしたがって、「プラスのこと」を考えていけば、9日後には、「心の大そうじ」が完了し、驚くほど軽やかな人生が待っています。

心屋仁之助のなんか知らんけど人生がうまくいく話

心屋仁之助

あなたも、「がんばる教」から「なんか知らんけど教」に宗旨がえしませんか？　○「愛されていない劇場」に出るのはやめよう　○どんな言葉も「ひとまず受け取る」　○お金は「出す」と入ってくる……読むほどに、人生が〝パッカーン〟と開けていく本！

夜眠る前に読むと心が「ほっ」とする50の物語

西沢泰生

「幸せになる人」は、「幸せになる話」を知っている。　○看護師さんの優しい気づかい　○アガりまくった男を救ったひと言　○お父さんの「勇気あるノー」　○人が一番「カッコいい」瞬間……〝大切なこと〟を思い出させてくれる50のストーリー。

K30343